Giovanni Reale

Pré-socráticos e Orfismo

Giovanni Reale

Pré-socráticos e Orfismo

História da Filosofia Grega e Romana
Vol. I

Tradução
Marcelo Perine

Edições Loyola

Título original:
Storia della filosofia antica, in cinque volumi
1ª edição da obra completa: 1975-1980
9ª edição: janeiro de 1992

Largo Gemelli, 1 – 20123 Milano
ISBN 88-343-2561-3

Dados Internacionais de Catalogação na Publicação (CIP)
(Câmara Brasileira do Livro, SP, Brasil)

Reale, Giovanni
Pré-socráticos e orfismo : história da filosofia grega e romana, vol. I / Giovanni Reale ; tradução Marcelo Perine. -- 2. ed. -- São Paulo : Edições Loyola, 2012.

"Nova edição corrigida"
Bibliografia
ISBN: 978-85-15-03638-7

1. Filosofia – História 2. Filosofia antiga 3. Orfismo 4. Pré-socráticos I. Título.

CDD – 182

Índices para catálogo sistemático:

1. Pré-socráticos : Filosofia antiga 182

Capa: Mauro C. Naxara
Obra *A Escola de Atenas* (detalhe),
Raphael Sanzio
Diagramação: Rosilene de Andrade

Edições Loyola Jesuítas
Rua 1822, 341 – Ipiranga
04216-000 São Paulo, SP
T 55 11 3385 8500/8501 • 2063 4275
editorial@loyola.com.br
vendas@loyola.com.br
www.loyola.com.br

ISBN 978-85-15-03638-7

2ª edição: 2012

110588

δεῖν γὰρ περὶ αὐτὰ ἕν γέ τι τούτων διαπράξασθαι, ἢ μαθεῖν ὅπῃ ἔχει ἢ εὑρεῖν ἤ, εἰ ταῦτα ἀδύνατον τὸν γοῦν βέλτιστον τῶν ἀνθρωπίνων λόγων λαβόντα καὶ δυσεξελεγκτότατον, ἐπὶ τούτου ὀχούμενον ὥσπερ ἐπὶ σχεδίας κινδυνεύοντα διαπλεῦσαι τὸν βίον, εἰ μή τις δύναιτο ἀσφαλέστερον καὶ ἀκινδυνότερον ἐπὶ βεβαιοτέρου ὀχήματος, λόγου θείου τινός, διαπορευθῆναι

"... É necessário, pois, a propósito disso, fazer uma das coisas seguintes: não perder a ocasião de instruir-se, ou procurar aprender por si mesmo, ou então, se não se for capaz nem de uma nem de outra dessas ações, ir buscar em nossas antigas tradições humanas o que houver de melhor e menos contestável, deixando-se assim levar como sobre uma jangada, na qual nos arriscaremos a fazer a travessia da vida, uma vez que não a podemos percorrer, com mais segurança e com menos riscos, sobre um transporte mais sólido: quero dizer, uma revelação divina."

Platão, *Fédon*, 85 c-d.

SUMÁRIO

Advertência XIII

Prefácio 1

Introdução

GÊNESE, NATUREZA E DESENVOLVIMENTO DA FILOSOFIA E DOS PROBLEMAS ESPECULATIVOS DA ANTIGUIDADE

I. *O nascimento da filosofia na Grécia* 11

1. A filosofia como criação do gênio grego — 2. Inconsistência da tese de uma presumível derivação da filosofia do Oriente — 3. A peculiar transformação teórica das cognições egípcias e caldaicas operada pelo espírito dos gregos — 4. Conclusões

II. *As formas da vida espiritual grega que prepararam o nascimento da filosofia* 19

1. Os poemas homéricos — 2. Os deuses da religião pública e sua relação com a filosofia — 3. A religião dos mistérios: incidência do orfismo sobre a constituição da problemática da filosofia antiga — 4. As condições políticas, sociais e econômicas que favoreceram o nascimento da filosofia entre os gregos

III. *Natureza e problemas da filosofia antiga* 28

1. Características definidoras da filosofia antiga — 2. Os problemas da filosofia antiga

IV. *Os períodos da filosofia antiga* **35**

OS FILÓSOFOS NATURALISTAS JÔNICOS E ITÁLICOS
OS PROBLEMAS DA *PHYSIS*, DO SER E DO COSMO

Primeira seção / Prelúdio ao problema cosmológico

I. *Os mitos teogônicos e cosmogônicos* **41**

Segunda seção / Os milesianos e Heráclito

I. *Tales* **47**

1. As proposições filosóficas atribuídas a Tales — 2. O significado de "princípio" — 3. A água é princípio — 4. As outras proposições de Tales

II. *Anaximandro* **52**

1. O infinito como princípio e as suas características — 2. Gênese de todas as coisas do infinito — 3. Os infinitos cosmos e a gênese do nosso mundo

III. *Anaxímenes* **59**

1. O princípio como ar — 2. Derivação das coisas do ar — 3. Relação de Anaxímenes com os seus predecessores

IV. *Heráclito de Éfeso* **63**

1. O fluxo perpétuo de todas as coisas — 2. Os opostos nos quais o devir se desdobra e a sua oculta harmonia (a síntese dos opostos) — 3. O fogo como princípio de todas as coisas — 4. A alma

Terceira seção / O pitagorismo

I. *Por que falamos de pitagóricos em geral e não de pitagóricos individuais — Características da escola pitagórica* **75**

II. *Nova concepção do princípio* 79

1. O número, princípio de todas as coisas — 2. Os elementos do número: a oposição fundamental e a harmonia — 3. Passagem do número às coisas — 4. Fundação do conceito de "cosmo": o universo é "ordem"

III. *A fé pitagórica: o homem, a sua alma e o seu destino* 87

IV. *Aporias estruturais do pitagorismo* 90

1. Aporias relativas a Deus e ao Divino — 2. Aporias relativas à alma

Quarta seção / Xenófanes e os eleatas

I. *Xenófanes* 97

1. A posição de Xenófanes com relação aos eleatas — 2. Crítica da concepção dos Deuses e destruição do pressuposto da religião tradicional — 3. Deus e Divino segundo Xenófanes — 4. A física xenofaneia — 5. Ideias morais

II. *Parmênides* 106

1. As três vias da pesquisa — 2. A via da absoluta verdade — 3. A via do erro — 4. A terceira via: a explicação plausível dos fenômenos e a "doxa" parmenidiana — 5. Aporias estruturais da filosofia parmenidiana

III. *Zenão de Eleia* 117

1. Nascimento da demonstração dialética — 2. Os argumentos dialéticos contra o movimento — 3. Os argumentos dialéticos contra a multiplicidade — 4. A importância de Zenão

IV. *Melisso de Samos* 125

1. A sistematização do eleatismo — 2. Os atributos do ser e a sua dedução — 3. Eliminação da esfera da experiência e da "doxa"

Quinta seção / Os pluralistas e os físicos ecléticos

I. *Empédocles* **133**

1. Os quatro "elementos" — 2. O amor e o ódio — 3. A esfera e o cosmo — 4. O conhecimento — 5. A alma e o divino — 6. As aporias empedoclianas

II. *Anaxágoras de Clazômenas* **143**

1. As homeomerias — 2. A Inteligência divina — 3. Aporias de Anaxágoras

III. *Os atomistas* **151**

1. A descoberta dos átomos como princípio — 2. Átomos, movimento mecânico e necessidade — 3. O homem, a alma, o divino — 4. O conhecimento — 5. A ética democritiana

IV. *Os físicos ecléticos* **164**

1. O fenômeno do ecletismo físico e a involução da filosofia da natureza — 2. Diógenes de Apolônia e o seu significado histórico — 3. Arquelau de Atenas

Apêndice

O orfismo e a novidade da sua mensagem **173**

1. A literatura órfica que nos chegou e o seu valor — 2. A novidade de fundo do orfismo — 3. O orfismo e a crença na metempsicose — 4. O fim último da alma segundo o orfismo — 5. A teogonia órfica, o mito de Dionísio e os Titãs e a gênese da culpa original que a alma deve expiar — 6. As iniciações e as purificações órficas

À memória de minha mãe, Giuseppina,
e de meu pai, Ernesto.

ADVERTÊNCIA

Esta História da filosofia grega e romana — *que a partir da quinta edição (1987) realizou plenamente aquilo a que nos propúnhamos — é fruto de mais de trinta anos de pesquisas científicas e de paralela atividade didática.*

Ela foi antecipada — mas só em medida limitada e parcial, e por razões de caráter didático — nos Problemas do pensamento antigo (*2 vols., Celuc, Milão 1971-1973), como uma espécie de "ensaio geral", depois radicalmente refeita e completada em cinco volumes, entre 1974 e o início de 1979, retocada gradativamente nos anos oitenta, e, na parte referente a Platão, totalmente reescrita na edição de 1987.*

Remetemos às Advertências *no início de cada volume para as indicações das características da interpretação que propomos dos períodos e dos autores paulatinamente tratados. Aqui nos limitaremos, portanto, às características do volume I.*

Após um Prefácio de caráter teórico, numa introdução, estudamos as origens da filosofia, que, como atualmente está bem estabelecido, é uma substancial criação do gênio helênico (provavelmente a sua mais conspícua criação). E a filosofia antiga, tal como já emerge nas afirmações dos jônicos, é: a) *tentativa de explicar a totalidade das coisas (ou o todo da realidade e do ser),* b) *com base no puro* lógos *(ou prevalentemente com base nele),* c) *por objetivos puramente teóricos e não pragmáticos (ou seja, para conhecer desinteressadamente a verdade). Só as condições culturais, sociais, políticas e econômicas da Grécia antiga ofereciam as premissas das quais pôde surgir a filosofia, porque esta pressupõe liberdades essenciais, das quais não pôde beneficiar-se nenhum outro povo que tenha, antes dos gregos, chegado à civilização (e é por isso que a filosofia nasce nas colônias do Oriente e do Ocidente da Grécia, justamente porque elas conquistaram tais liberdades antes mesmo da mãe pátria).*

Dos filósofos da natureza (da physis*) oferecemos uma interpretação em chave ontológica, longamente amadurecida sobretudo mediante o trabalho que realizamos, atualizando de maneira sistemática o volume III da Primeira parte de* A Filosofia dos Gregos *de E. Zeller (traduzida por R. Mondolfo, mas que, em acordo com M. Untersteiner, foi confiada a nós para o complexo trabalho de atualização), e preparando a edição dos fragmentos de Melisso com comentário e ampla monografia introdutória:* Melisso e la storia della filosofia greca *(ver: E. Zeller-R. Mondolfo,* La filosofia del Greci nel suo sviluppo storico, *Parte prima, vol. III:* Eleati, *organizado por G. Reale, La Nuova Italia, Florença 1977; G. Reale,* Melisso, Testimonianze e frammenti, *La Nuova Italia, Florença 1970). Além disso, tornamos ao fundador do eleatismo na obra; Parmênides,* Poema sulla natura. *I frammenti e le testimonianze indirette, Presentazione, traduzione con testo greco dei frammenti del poema a fronte e notas di* G. Reale, *Saggio introduttivo e Comentario filosofico di* L. Ruggiu, *Rusconi, Milão 1991.*

A "ciência" dos filósofos jônicos e itálicos é, de fato, uma tentativa (a primeira) de explicar todos os seres, *e a sua cosmologia é uma tentativa de explicar, em função de um ou mais "princípios", a* totalidade *das coisas que são.*

Aos eleatas damos particular relevo, porque eles puseram à filosofia antiga alguns problemas de fundo, que não só condicionaram os sistemas dos físicos pluralistas, mas incidiram de maneira determinante também sobre a formação da filosofia platônica e aristotélica. Detivemo-nos não só sobre Parmênides, o fundador do eleatismo, mas também sobre os "epígonos" Zenão e Melisso. Este último, de fato (como tentamos demonstrar em Melisso, Testimonianze e frammenti*), é o verdadeiro sistematizador do pensamento eleata; enquanto o primeiro é, ao invés, o inventor da dialética, de tanta importância na história subseqüente do pensamento grego. Os argumentos contra o movimento e a multiplicidade, longe de serem vagos sofismas, são poderosas elevações do* lógos *buscando contestar a experiência, proclamando a onipotência da própria lei (do* *ponto de vista especulativo, a nosso ver, eles atingem a mesma altura que, do ponto de vista poético, só as odes de Píndaro ou as líricas de Safo alcançam).*

Um apêndice completa este volume I. Ele é dedicado ao orfismo e à novidade da sua doutrina, e contém uma série de documentos, indispensáveis para compreender alguns aspectos essenciais do pensamento dos pré-socráticos e de Platão.

* * *

Agradecemos vivamente à direção da editora Vita e Pensiero, que planejou e promoveu as últimas edições desta nossa obra.

GIOVANNI REALE

Este baixo-relevo — proveniente de Pompeia e atualmente parte do acervo do Museu Arqueológico Nacional de Nápoles — representa Sócrates em diálogo com uma mulher, que se supõe seria a sacerdotisa Diotima de Mantineia. (O discurso de Sócrates com Diotima constitui o ponto focal e o vértice do diálogo *Banquete* de Platão, no qual está expressa a essência do amor.) Alguns estudiosos, porém, pensam que a mulher aqui representada seja Aspásia, segunda mulher de Péricles, dotada de inteligência excepcional e cujos dotes intelectuais Sócrates admirou. Mas a mensagem emblemática registrada neste baixo-relevo, no qual a mulher parece "ensinar" a Sócrates, corresponde exatamente a tudo quanto Platão afirma de Diotima no *Banquete*.

PREFÁCIO

Não se pode verdadeiramente dizer que as Histórias da filosofia antiga sejam numerosas. São pouquíssimas.

Nos últimos anos, uma espécie de desconfiança na filosofia, sobretudo na filosofia classicamente entendida, parece ter-se apoderado de muitos estudiosos, a ponto de se levantar a interrogação, vinda de diversas partes, sobre se a filosofia classicamente entendida não terá chegado às colunas de Hércules e não estará definitivamente concluída e acabada, talvez para sempre. Vivemos num momento em que se inseriu na crise da filosofia uma espécie de filosofia da crise da filosofia, vale dizer, uma filosofia que teoriza o fim da filosofia. E à crise da filosofia juntou-se a crise da teologia, esta também agora, em algumas de suas frentes mais avançadas, tão persuadida da crise dos valores filosóficos, que chega a não considerar como válido tudo quanto o pensamento cristão, ao se estruturar, extraiu da filosofia, particularmente, da filosofia antiga. Assim compreende-se que dessas correntes se proclame em alta voz a necessidade da des-helenização do cristianismo, como se o cristianismo, ao subsumir determinadas categorias especulativas da filosofia clássica, tenha-se tornado seu prisioneiro, a ponto de se desnaturar, vindo a se tornar, de algum modo, ele mesmo helênico.

Pois bem, em todas essas tendências se esconde, na realidade, um autêntico enfraquecimento do sentido e do alcance da dimensão especulativa, isto é, da dimensão mais propriamente filosófica: teoriza-se o fim da filosofia porque se está perdendo o sentido da filosofia. A mentalidade técnico-científica habituou-nos a crer que só é válido o que é verificável, acertável, controlável pela experiência e pelo cálculo e o que é fecundo de resultados tangíveis. Ao mesmo tempo, a nova mentalidade política nos habituou a crer que só tem relevância aquilo que faz mudar as coisas: não a teoria, mas a práxis — diz-se — é o que conta; de nada adianta contemplar a realidade, mas nela mergulhar ativamente. E, assim, de um lado, à filosofia se quer impor um método extraído das ciências, que a faz cair inexoravelmente no cientismo; de outro, quer-se impor à filosofia um condicionamento de tipo ativista que a faz degenerar no praxismo. Tanto num como noutro caso, pretende-se absurdamente fazer filosofia, matando a filosofia.

Esclareçamos melhor este ponto, a nosso ver determinante. Veremos amplamente no curso da nossa exposição que o problema filosófico nasceu e se desenvolveu como tentativa de apreender e explicar o todo, ou seja, a totalidade das coisas ou, pelo menos, como *problemática da totalidade*. E a filosofia só permanece tal se e enquanto tenta medir-se com o todo e busca projetar para si mesma o sentido da totalidade. Ao contrário, as ciências nasceram como consideração racional restrita a partes ou a setores do real e elaboraram metodologias e técnicas de pesquisa que, moduladas em função das estruturas dessas partes, só podem valer para elas, e não podem, de modo algum, valer para o todo.

A precisão dos métodos científicos supõe necessariamente restrições de âmbitos e simplificações estruturais. Consequentemente, a aplicação ou a pretensão de aplicar os métodos das ciências à filosofia (isto é, ao todo, pois a filosofia é sempre e somente, como dissemos, consideração do todo) produz o *monstrum* que chamamos de cientismo.

E assim, quando a filosofia renuncia a contemplar para agir, renuncia, mais uma vez, a si mesma. Com efeito, o empenho prático leva-a a ser, fatalmente, mais que desinteressada visão e consideração do verdadeiro, elaboração interessada de ideias submetidas a escopos pragmáticos e, por consequência, de filosofia, ela se transforma em ideologia.

Quanto às novas correntes da vanguarda teológica, deve-se salientar que o seu erro é, em certo sentido, mais dramático. Elas arriscam-se, querendo renunciar indiscriminadamente ao *lógos* grego, a renunciar ao *lógos* como tal. É verdade que, em parte, o pensamento cristão subsumiu conceitos estreitamente ligados à cultura helênica e, portanto, historicamente condicionados; mas é também verdade que, junto com eles, subsumiu outros que, além de serem helênicos, são conceitos racionais universalmente válidos, fruto da razão enquanto razão e não enquanto razão grega. E sob o processo de des-helenização da teologia se esconde um neoirracionalismo, quando não se esconde até mesmo determinada filosofia (antitética à grega), que não é reconhecida como tal, pelo fato de ser sub-repticiamente acolhida.

Ora, contra essas tendências, a presente *História da filosofia grega e romana* quer contribuir para recuperar, de um lado, o sentido do especulativo e, de outro, mostrar como algumas das categorias elaboradas pelo pensamento grego permanecem estruturalmente indispensáveis para explicitar qualquer problemática teológica, embora, como veremos, a visão grega do mundo e da vida se mantenha essencialmente distinta da visão cristã. Com efeito, não são certamente as categorias próprias da ciência e da ideologia que podem, de algum modo, lançar luz sobre o problema do todo e menos ainda sobre o problema teológico.

Em substância, hoje, muitos filósofos ou cultores da filosofia, ou os que se dizem tais, apresentam-se, para dizer com uma imagem da moda, em larga medida como personagens mascarados, isto é, inautênticos, incapazes de assumir a fundo a própria responsabilidade; personagens que não se decidem por renunciar nem à ambição filosófica nem às vantagens empiricamente mais apreciáveis e concretas da ciência e da política. E com isso não se diz nada nem contra a ciência nem contra a política. Pelo contrário, afirma-se que tanto a ciência como a política são, de longe, mais necessárias que a filosofia, mas não são alternativa à filosofia, têm outros escopos, outra natureza, outras categorias: são um momento do todo, enquanto a filosofia permanece estruturalmente ligada ao todo.

Mas, para que serve filosofar, hoje, num mundo onde ciência, técnica e política parecem dividir entre si os poderes, num mundo onde cientistas, técnicos, políticos, transformados em novos magos, movem todos os fios?

O propósito, a nosso ver, continua sendo o mesmo que a filosofia teve desde a origem: *desmitizar*. Os antigos mitos eram os da poesia, da fantasia, da imaginação; os novos mitos são os da ciência, da técnica e das ideologias, vale dizer, os mitos do poder.

É certo que se trata de uma desmitização muito mais difícil do que a antiga. Com efeito, nas origens, bastou que a filosofia contrapusesse o *lógos* à fantasia para destruir os mitos da poesia; ao invés, os novos mitos de hoje são construídos com a própria razão, pelo menos em grande parte. Ciência e técnica se apresentam como o triunfo da razão. Mas trata-se de uma razão que, uma vez perdido o sentido da totalidade, uma vez que se elevem as "partes" ao lugar do "todo", periga fazer sucumbir o sentido de si mesma.

E, então, a tarefa da filosofia será, hoje, contestar o "cientismo" que inspira as ciências e a maioria dos cientistas (e que só a epistemologia contemporânea procura, em parte, redimensionar). Da matriz da filosofia ocidental, como bem se sabe, nasceram as várias ciências ocidentais; mas, depois, muito amiúde essas ciências pretenderam tomar o lugar da mãe: não souberam ser elas mesmas, única e exclusivamente elas mesmas, ou seja, compreensão limitada (e limitante) de determinado setor da realidade, e muitas vezes quiseram estender além do seu âmbito suas categorias, de valor delimitado e determinado, à totalidade das coisas e ao sentido último da vida. E pior ainda se comportou a mentalidade politicista, a qual muitas vezes considerou a verdade *ad libitum* manipulável, com a finalidade de tornar a realidade das coisas o mais plástica possível, para submetê-la aos objetivos que ela estabelecia.

Ora, com isso está afirmado não só o sentido que pode ter o filosofar hoje, que é o de recuperar o sentido do todo para poder situar as coisas nele, em seu justo lugar; mas afirma-se também a urgência premente dessa recuperação.

Como dizíamos acima, só uma recuperação do sentido do especulativo puro pode dissolver as muitas ambiguidades das quais padecemos, e pode fazer compreender que existem ou podem existir no céu e sobre a terra (parafraseando o célebre mote shakespeariano) muito mais coisas do que as ciências, as técnicas e certas ideologias políticas permitem crer.

Nessa recuperação, podem os gregos, melhor que todos, nos guiar, eles que, por primeiro, ensinaram ao mundo como se filosofa. Portanto, demos a esta *História da filosofia grega e romana* uma entonação prevalentemente centrada sobre os problemas, vistos no seu nascimento, desenvolvimento e dissolução. Tentamos ao máximo dizer não o *quê*, mas o *porquê* das afirmações dos filósofos. Muito amiúde as várias histórias da filosofia limitam-se a dizer-nos que tal filósofo pensou isto ou aquilo e não nos dizem *por que* o pensou, que relação tem aquele pensamento com o que precede, que função de solicitação exerce quanto ao pensamento que segue. Não fazendo isto, as noções permanecem desvinculadas dos problemas que as geraram e, a partir de noções desconexas, é quase fatal a queda no nocionismo, contra o qual de tantos lados hoje justamente se polemiza.

Evitamos, portanto, ao máximo questões de erudição e, em geral, as insistências sobre partes e pormenores que podem fazer perder a visão das linhas mestras. Ao invés, fornecemos sempre o documento ou a referência ao documento. Ao traçar a síntese, constantemente nos preocupamos em nunca cair no genérico ou no aproximativo: a verdadeira síntese supõe acuradas análises e a sua percuciência depende sempre da exatidão com que foram previamente conduzidas.

Mas para voltar à questão teórica geral acima citada e para concluir o discurso, acrescentaremos, por honestidade para com o leitor, que a nossa posição teórica pessoal é neoclássica, não já enquanto nos reconhecemos nas doutrinas deste ou daquele pensador clássico, mas enquanto nos parece que a dimensão metafísica da filosofia proclamada pelos clássicos, como dissemos acima, é a única a dar sentido ao filosofar (alguns, a partir das nossas obras precedentes, acreditaram, erroneamente, que a nossa posição fosse aristotélico-tomista, enquanto as nossas simpatias dirigem-se antes a Platão, a Plotino e a Agostinho, e, em todo caso, ao modo como estes filósofos põem e resolvem os problemas e não às suas soluções particulares).

Portanto, esta *História da filosofia grega e romana* não será uma asséptica reconstrução, que trata os antigos como peças de museu, as quais, submersas pela poeira dos séculos, não têm mais nada a dizer. E aos que afirmam (e hoje não são poucos) que a filosofia antiga não passa de museu e os filósofos antigos de peças desse museu, queremos recordar a esplêndida epígrafe ditada por Paul Valéry, que se lê sobre e entrada do "Museu do Homem" em Paris, a qual, com poucas palavras, toca o fundo do problema e o resolve:

Il dépend de celui qui passe
que je sois tombe ou trésor
que je parle ou me taise
ceci ne tient qu'à toi
ami n'entre pas sans désir.

PRÉ-SOCRÁTICOS E ORFISMO

ὁ δὲ ἀνεξέταστος βίος οὐ βιωτὸς ἀνθρώπῳ

"Uma vida sem investigação não é digna de ser vivida."

Platão, *Apologia de Sócrates*, 38 a.

Belo baixo-relevo — conservado no British Museum —, representa a *Apoteose de Homero*. Note-se a solene atitude com que Homero é representado sentado no trono — semelhante ao modo em que Zeus era representado — e o cetro que segura na mão esquerda. O conjunto exprime bem, e de modo emblemático, o juízo do grego a respeito de Homero, de sua poesia e de sua sabedoria.

INTRODUÇÃO

GÊNESE, NATUREZA E DESENVOLVIMENTO DA FILOSOFIA E DOS PROBLEMAS ESPECULATIVOS DA ANTIGUIDADE

ἀναγκαιότεραι μὲν οὖν πᾶσαι ταύτης, ἀμείνων δ' οὐδεμία

"... todas as outras ciências serão mais necessárias que esta, mas nenhuma lhe será superior..."

Aristóteles, *Metafísica* A 2, 983 a 10s.

Este baixo-relevo (que em sua origem talvez fizesse parte de um sarcófago) muito provavelmente representa o poeta Hesíodo em bem sugestiva pose hierática.

I. O NASCIMENTO DA FILOSOFIA NA GRÉCIA

1. A filosofia como criação do gênio grego

A "filosofia", seja como indicação semântica (isto é, como termo lexical), seja como conteúdo conceitual, é uma criação peculiar dos gregos. De fato, se para todos os outros componentes da civilização grega encontra-se idêntico correlativo junto a outros povos do Oriente — os quais alcançaram, antes dos gregos, níveis de progresso muito elevados —, não se encontra, ao invés, idêntico correlativo da filosofia ou, pelo menos, algo assimilável ao que os gregos e, posteriormente, com os gregos, todos os ocidentais, chamaram de "filosofia".

Crenças e cultos religiosos, manifestações artísticas de natureza diversa, conhecimentos e habilidades técnicas de diferentes espécies, instituições políticas, organizações militares existiam seja nos povos orientais que chegaram à civilização antes dos gregos, seja entre os gregos, e, consequentemente, é possível fazer confrontos (embora dentro de certos limites) e estabelecer se e em que medida os gregos, nesses âmbitos, podem ser ou são efetivamente devedores dos povos do Oriente, e se pode estabelecer em que medida os gregos superaram os povos do Oriente nos vários domínios. No que diz respeito à filosofia, porém, encontramo-nos diante de um fenômeno tão novo que, como dissemos, não só não há entre os povos orientais idêntico correlativo, mas nem mesmo algo que analogicamente comporte comparação com a filosofia dos gregos ou que a prefigure de modo inequívoco.

Destacar isso significa, nem mais nem menos, reconhecer que, nesse campo, os gregos foram criadores, ou seja, que deram à civilização algo que ela não tinha e que, como veremos, revelar-se-á de alcance revolucionário tal, que mudará o rosto da própria civilização. Por isso, se a superioridade dos gregos com relação aos povos orientais em outros âmbitos é — para dizer com uma imagem simplificadora — de natureza meramente *quantitativa*, no que se refere à filosofia a sua superioridade é de natureza *qualitativa*. E quem não tenha bem presente isso não conseguirá compreender por que a civilização de todo o

Ocidente tomou, sob o impulso dos gregos, uma direção completamente diferente dos rumos da civilização do Oriente; e não compreenderá por que a ciência só pôde nascer no Ocidente e não no Oriente. Ademais, não compreenderá por que os orientais, quando quiseram beneficiar-se da ciência ocidental e dos seus resultados, tiveram de apropriar-se, em larga medida, também das categorias ou pelo menos de algumas categorias essenciais da lógica ocidental. Com efeito, foi precisamente a filosofia a criar essas categorias e essa lógica, ou seja, um modo de pensar totalmente novo, e foi a filosofia a gerar, em função dessas categorias, a própria ciência e, indiretamente, algumas das principais consequências da ciência. Reconhecer isso significa reconhecer aos gregos o mérito de terem trazido uma contribuição verdadeiramente excepcional à história da civilização; por isso devemos justificar de maneira crítica o que dissemos e aduzir provas bem circunstanciadas.

2. Inconsistência da tese de uma presumível derivação da filosofia do Oriente

Na verdade, não faltaram — seja da parte de alguns dos antigos, seja da parte de modernos historiadores da filosofia, especialmente na era romântica, e da parte de ilustres orientalistas — tentativas de sustentar a tese de uma derivação da filosofia grega do Oriente, com base em observações de gênero diverso e de variado alcance; mas nenhum deles teve sucesso, e a crítica mais rigorosa, já a partir da segunda metade do século XIX, levantou uma série de contra-argumentos que, hoje em dia, podem ser considerados objetivamente incontestáveis[1].

1. É exemplar, a este respeito, a drástica posição assumida por Zeller na sua monumental obra, *Die Philosophie der Griechen in ihrer geschichtlichen Entwicklung*, I, 1, Leipzig 19196, pp. 21ss., que o leitor italiano tem à disposição na edição exemplar traduzida e anotada por R. Mondolfo: E. Zeller-R. Mondolfo, *La filosofia dei greci nel suo sviluppo storico*, I, 1, Florença 19432, pp. 35-63. Para a literatura posterior cf. a nota de atualização de Mondolfo, *ibid.*, pp. 63-99. Excelente é também o enfoque de Burnet, *Early Greek Philosophy*, Londres 19304, § X, que, ademais, se beneficia do enfoque zelleriano precedente. No curso de toda a nossa obra, os resultados aos quais chegou Zeller serão constantemente tidos presentes, porque constituem imprescindível ponto de partida de qualquer análise ou de qualquer síntese do pensamento antigo. Nestes primeiros capítulos, concordaremos

Examinemos, antes de tudo, como surgiu na antiguidade a ideia de uma presumível origem oriental da filosofia grega. Em primeiro lugar, deve-se notar que os primeiros a sustentar a derivação oriental da filosofia grega foram justamente os orientais, movidos por intenções que bem poderíamos chamar de nacionalistas: visavam tirar dos gregos e reivindicar para o próprio povo o particularíssimo título de glória que foi a descoberta da mais elevada forma de saber. De um lado, foram os sacerdotes egípcios que, no tempo dos Ptolomeus, ao travar conhecimento com a especulação grega, pretenderam sustentar ser ela um derivado da sabedoria egípcia precedente. De outro lado, foram os hebreus de Alexandria, que absorveram a cultura helenística, a pretender sustentar uma derivação da filosofia grega das doutrinas de Moisés e dos profetas contidas na Bíblia. Mais tarde, os próprios gregos deram crédito a essas teses. O neopitagórico Numênio escreverá que Platão não é senão um "Moisés aticizante"[2] e muitos outros sustentarão teses análogas, particularmente os neoplatônicos da última fase, ao defender a tese de que as doutrinas dos filósofos gregos não seriam mais que elaborações de doutrinas nascidas no Oriente e recebidas originalmente pelos sacerdotes orientais por divina inspiração dos deuses.

Mas essas afirmações não possuem qualquer base histórica, pelas seguintes razões:

a) Na época clássica, nenhum dos gregos, nem os historiadores nem os filósofos, faz o mínimo aceno a uma presumível derivação da filosofia do Oriente. Heródoto (que faz derivar o orfismo, contra toda evidência, dos egípcios) não diz nada; Platão, mesmo admirando os egípcios, sublinha o seu espírito prático e antiespeculativo, em contraste com o espírito teórico dos gregos[3], e Aristóteles atribui aos egípcios unicamente a descoberta das matemáticas[4].

---

amiúde com eles, nos restantes capítulos, ao invés, discordaremos muito frequentemente: antes, um dos objetivos essenciais pelos quais o presente trabalho foi escrito é justamente o de contribuir para romper certos esquemas zellerianos, porque as novas pesquisas demonstram que estes não são mais aceitáveis, e sobretudo porque, assumidos pela manualística à maneira de cômodos *clichés*, muito frequentemente, assim transformados, esclerosaram a pesquisa.

2. Cf. Suda, na voz Numênio; Clemente Alexandrino, *Strom.*, I, 22 (p. 93, 11 Stählin); Eusébio, *Praep. evang.*, XI, 10, 14 (p. 28, 10s. Mras).

3. Cf. Platão, *República*, IV, 435s.; *Leis*, V, 747 b-c; *Timeu*, 22 b.

4. Aristóteles, *Metafísica* A 1, 981 b 23ss.

b) A tese da origem oriental da filosofia encontrou crédito na Grécia somente a partir do momento em que a filosofia perdeu seu vigor especulativo e a confiança em si mesma e buscava não mais na razão, mas numa revelação superior, a própria fundação e justificação.

c) De outro lado, a filosofia grega, tendo-se tornado na última fase uma doutrina mística e ascética, podia facilmente encontrar analogias com certas doutrinas orientais anteriores e, portanto, crer na sua dependência delas.

d) Por sua vez, egípcios e hebreus puderam encontrar coincidências entre a sua "sabedoria" e a filosofia grega somente com a interpretação alegórica bastante arbitrária dos mitos egípcios ou das narrações bíblicas.

E por que os modernos afirmaram poder defender a tese das origens orientais da filosofia? Em certa medida, porque acolheram como válidas as afirmações dos antigos, das quais falamos acima, sem dar-se conta da sua falta de credibilidade, não levando em conta o que acima afirmamos. Porém, de modo mais genérico, porque acreditaram descobrir analogias de conteúdo e tangências ideais entre determinadas doutrinas dos povos orientais e certas doutrinas dos filósofos gregos. Seguindo tal via, os estudiosos se deleitaram em inferir fantasiosas conclusões, que, com Gladisch, chegaram ao limite[5]. Este estudioso alemão (que recordamos porque o paroxismo ao qual levou a tese sobre a qual refletimos representa de modo paradigmático a falta de criticidade à qual se chega seguindo certos critérios) pretendeu até mesmo poder concluir, do exame das concordâncias internas, que os cinco principais sistemas pré-socráticos derivavam, com poucas variações, dos cinco principais povos orientais, a saber: 1) o sistema pitagórico da sabedoria chinesa; 2) o sistema eleata da sabedoria indiana; 3) o sistema heraclitiano da sabedoria persa; 4) o sistema empedocliano da sabedoria egípcia e 5) a filosofia de Anaxágoras da sabedoria judaica.

Concordamos que, levadas a tais extremos, essas teses se tornam fantasias romanescas; mas permanece o fato de que, embora atenuadas, circunstanciadas e nuançadas, mesmo perdendo as características fantasiosas, permanecem igualmente puras conjeturas que, ademais,

5. Cf. indicações bibliográficas em Zeller-Mondolfo, I, 1, p. 49, n. 1.

não apresentam fundamento histórico e têm contra si os seguintes dados factuais bem precisos, que as esvaziam:

a) É historicamente demonstrado que os povos orientais com os quais os gregos tiveram contato possuíam convicções religiosas, mitos teológicos e cosmológicos, mas *não* possuíam uma *ciência filosófica* no verdadeiro sentido da palavra; possuíam, nem mais nem menos, aquilo que os próprios gregos possuíam antes de criar a filosofia: as descobertas arqueológicas vindas à luz não autorizam de modo algum ir além disso.

b) Em segundo lugar, mesmo dado (mas não concedido) que os povos orientais com os quais os gregos entraram em contato tivessem doutrinas filosóficas, a possibilidade da sua transferência para a Grécia não seria facilmente explicável. Escreveu justamente Zeller: "Quando se considere quão estreitamente os conceitos filosóficos, especialmente na infância da filosofia, estão ligados às expressões linguísticas; quando se recorde quão escasso era o conhecimento de línguas estrangeiras entre os gregos, e de outro lado quão pouco os intérpretes, normalmente preparados só para relações comerciais e para a explicação das curiosidades, seriam capazes de levar à compreensão de um ensinamento filosófico; quando se acrescente que da utilização de escritos orientais por parte dos filósofos gregos e de traduções de tais escritos nada nos é dito, nem de longe, que mereça fé; quando se pergunte, ademais, por que meios as doutrinas dos hindus e de outros povos da Ásia oriental teriam podido, antes de Alexandre, chegar à Grécia: então se dará conta das proporções da dificuldade da questão"[6].

E note-se que não vale a objeção de que os gregos, apesar disso, puderam extrair dos orientais certas crenças e cultos religiosos e também certas artes pelo menos no nível empírico: de fato, tais coisas são bem mais fáceis de comunicar à medida que, diferentemente da filosofia, como sublinha Burnet, não exigem nem uma linguagem abstrata nem o veículo de homens instruídos, sendo mais que suficiente a simples imitação. Escreve Burnet: "Não conhecemos, na época da qual nos ocupamos, nenhum grego que soubesse a língua oriental bastante bem para ler um livro egípcio

6. Zeller-Mondolfo, I, 1, pp. 62s.

ou mesmo para ouvir um discurso de um sacerdote egípcio, e é só em época muito posterior que ouvimos falar de mestres orientais que escrevem ou falam grego"[7].

c) Em terceiro lugar (e parece-nos que isso não foi até agora adequadamente observado), muitos estudiosos que pretendem destacar coincidências entre a sabedoria oriental e a filosofia grega, mesmo sem dar-se perfeitamente conta, são vítimas de ilusões óticas à medida que, de um lado, entendem as doutrinas orientais em função de categorias ocidentais, e, de outro, colorem as doutrinas gregas com tintas orientais, de modo que as correspondências são, em última análise, pouco ou nada dignas de fé.

d) Enfim, mesmo que se pudesse demonstrar que certas ideias de filósofos gregos efetivamente têm antecedentes nas sabedorias orientais e se pudesse historicamente provar que elas beberam daquelas fontes, tais correspondências não modificariam a substância do problema: a filosofia, a partir do momento em que nasceu, na Grécia, representou *uma nova forma de expressão espiritual tal que, no instante mesmo em que subsumia conteúdos frutos de outras formas de vida espiritual, transformava-os estruturalmente.* Esta última observação nos permite compreender outro fato interessantíssimo, isto é, como e por que, por obra dos gregos, se transformaram essencialmente aquelas mesmas artes e conhecimentos particulares, matemáticos e astronômicos, respectivamente, dos egípcios e dos babilônios.

3. A peculiar transformação teórica das cognições egípcias e caldaicas operada pelo espírito dos gregos

Que os gregos tenham derivado as suas primeiras cognições matemáticas e geométricas dos egípcios está fora de dúvida. Mas, como bem observa Burnet[8], por obra dos gregos elas se transformaram radicalmente.

Como podemos observar por um papiro da coleção de Rhind, a matemática egípcia devia consistir prevalentemente na determi-

7. Burnet, *Early Gr. Philos.*, § X.
8. Cf. Burnet, *Early Gr. Philos.*, § XI.

nação de operações de cálculos aritméticos com finalidades essencialmente práticas (mensuração dos cereais e dos frutos, determinação dos modos de dividir certas quantidades de coisas entre certo número de pessoas etc.) e, apesar do que se disse em contrário, isso corresponde bem ao que Platão observa nas *Leis*, recordando como eram ensinadas as operações aritméticas às crianças nas escolas egípcias.

Analogamente, a geometria tinha principalmente um caráter prático (como se pode deduzir do mesmo papiro de Rhind e de Heródoto[9]), qual seja a mensuração dos campos depois das inundações do Nilo, a construção das pirâmides e semelhantes. Mas a matemática como teoria geral dos números e a ciência geométrica teoricamente fundada e desenvolvida foram criações dos pitagóricos. E, quanto à objeção de alguns estudiosos a Burnet, de ter cavado um fosso muito nítido e, portanto, arbitrário entre interesse prático (dos egípcios) e interesse teórico (dos gregos) e de ter operado uma cisão em si ilícita entre os dois interesses, porque à medida que os egípcios souberam determinar as regras práticas explicitaram também atividade teórica; pois bem, por inegável que seja isso, resta todavia o fato de que o destaque do momento propriamente teórico e a purificação especulativa dos problemas matemático-geométricos foram próprios dos gregos; e o mesmo procedimento racional com o qual fundaram a filosofia permitiu-lhes purificar a matemática e a geometria e levá-las a um nível especulativo.

Raciocínio análogo vale para a astronomia dos babilônios, os quais, como foi notado há tempo, estudaram os fenômenos celestes com finalidades astrológicas, para fazer previsões e predições e, portanto, com finalidades utilitaristas e não propriamente científicas e especulativas. E, embora se tenha sublinhado como nas concepções da astrologia caldaica estivessem implícitos conceitos especulativos muito importantes, como por exemplo a ideia de que o número é instrumento de conhecimento de todas as coisas, a ideia de que todas as coisas estão ligadas por uma íntima conexão e, portanto, a ideia da unidade do todo e talvez também a ideia do caráter cíclico do cosmo e outras semelhantes; pois bem, permanece contudo sempre verdadeiro o ponto acima afirmado, isto é, que aos

9. Cf. Heródoto, II, 109.

gregos cabe o mérito de ter explicitado esses conceitos, e eles puderam fazer isso em virtude do seu espírito especulativo, vale dizer, em virtude do espírito que criou a filosofia.

4. Conclusões

No estado atual da pesquisa, não se pode falar de derivação da filosofia ou da ciência especulativa do Oriente. Certamente os gregos extraíram dos povos orientais com os quais tiveram contato noções de diverso gênero, e sobre esse ponto as pesquisas poderão progressivamente trazer à luz novos fatos e novas perspectivas. Um ponto, porém, é incontestável: os gregos transformaram *qualitativamente* aquilo que receberam. Por isso apraz-nos concluir com Mondolfo (o qual, note-se, insistiu muitíssimo na positividade e importância das influências orientais sobre os gregos e sobre a fecundidade espiritual de tais influências): "[...] essas assimilações de elementos e de impulsos culturais [vindos do Oriente] não podem enfraquecer de modo algum o mérito de originalidade do pensamento grego. Ele operou a passagem decisiva da técnica utilitária e do mito à ciência desinteressada e pura; ele afirmou por primeiro sistematicamente as exigências lógicas e as necessidades especulativas da razão: ele é o verdadeiro criador da ciência como sistema lógico e da filosofia como consciência racional e solução dos problemas da realidade universal e da vida"[10].

Mas isto que estabelecemos abre um problema ulterior: existem razões que explicam no todo ou em parte como e por que justamente os gregos e não outros povos, que chegaram à civilização antes deles, criaram a filosofia e a ciência?

Devemos agora responder a este problema.

10. Zeller-Mondolfo, I, 1, p. 99.

II. AS FORMAS DA VIDA ESPIRITUAL GREGA QUE PREPARARAM O NASCIMENTO DA FILOSOFIA

1. Os poemas homéricos

Antes do nascimento da filosofia, os educadores incontrastados dos gregos foram os poetas, sobretudo Homero, cujos poemas foram, como se disse com justiça, quase a Bíblia dos gregos, no sentido de que a primitiva grecidade buscou alimento espiritual essencial e prioritariamente nos poemas homéricos, dos quais extraiu modelos de vida, matéria de reflexão, estímulo à fantasia e, portanto, todos os elementos essenciais à própria educação e formação espiritual.

Ora, os poemas homéricos, como há tempo se notou, contêm algumas dimensões que os diferenciam nitidamente de todos os poemas que estão nas origens dos vários povos e já manifestam algumas das características do espírito grego que criaram a filosofia.

Em primeiro lugar, foi bem observado que os dois poemas, construídos por uma imaginação tão rica e variada, transbordantes de maravilha, de situações e eventos fantásticos, não caem, senão raras vezes, na descrição do *monstruoso* e do *disforme*, como em geral acontece nas primeiras manifestações artísticas dos povos primitivos: a imaginação homérica já se estrutura segundo o sentido da harmonia, da eurritmia, da proporção, do limite e da medida, que se revelará, depois, uma constante da filosofia grega, a qual erigirá a medida e o limite até mesmo em princípios metafisicamente determinantes.

Ademais, observou-se também que, na poesia de Homero, *a arte da motivação* é uma constante, no sentido de que o poeta não narra só uma cadeia de fatos, mas busca, embora em nível fantástico-poético, as suas *razões*. Homero não conhece, escreve justamente Jaeger, "mera aceitação passiva de tradições nem simples narração de fatos, *mas exclusivamente desenvolvimento interiormente necessário da ação* de fase em fase, nexo indissolúvel entre causa e efeito [...]. A ação não se distende como uma fraca sucessão temporal: vale para ela, em todos os pontos, o princípio de razão suficiente, cada evento recebe rigorosa motivação psicológica"[1]. Este modo poético de ver as coisas é exatamente o antecedente da pesquisa filosófica da "causa", do "princípio", do "porquê" das coisas.

E uma terceira característica da épica homérica prefigura a filosofia dos gregos: em ambos "*a realidade é apresentada na sua totalidade*: o pensamento filosófico a apresenta de forma racional, enquanto a épica a mostra de forma mítica. A 'posição do homem no universo', tema clássico da filosofia grega, está também presente a todo momento em Homero"[2].

Enfim, os poemas homéricos foram decisivos para a fixação de determinada concepção dos deuses e do Divino, e também para a fixação de alguns tipos fundamentais de vida e de caracteres éticos dos homens, os quais se tornaram verdadeiros paradigmas. Mas falaremos separadamente da importância deste fator porque, sobre este ponto, o discurso nos leva além de Homero e se estende a toda a grecidade.

2. Os deuses da religião pública e sua relação com a filosofia

Estudiosos afirmaram em várias ocasiões que entre religião e filosofia existem laços estruturais (Hegel dirá até mesmo que a religião exprime pela via representativa a mesma verdade que a filosofia exprime pela via conceitual): e isso é verdade, seja quando a filosofia subsume determinados conteúdos da religião, seja, também, quando a filosofia tenta contestar a religião (neste último caso, a função contestatária permanece sempre alimentada e, portanto, condicionada, pelo termo contestado). Pois bem, se isso é verdade em geral, o foi de modo paradigmático entre os gregos.

Mas quando se fala de religião grega é preciso operar uma nítida distinção entre *religião pública*, que tem o seu mais belo modelo em Homero, e *religião dos mistérios*: entre a primeira e a

---

1. W. Jaeger, *Paideia. Die Formung des griechischen Menschen*, Berlim und Leipzig 19362; trad. ital. vol. I, Florença 19532, pp. 110s. (citaremos sempre esta excelente tradução).

2. Jaeger, *Paideia*, I, p. 113, nota 34.

segunda há uma divisão claríssima: em mais de um aspecto, o espírito que anima a religião dos mistérios é negador do espírito que anima a religião pública. Ora, o historiador da filosofia que se detenha no primeiro aspecto da religião dos gregos, veta a si mesmo a compreensão de todo um importantíssimo filão da especulação, que vai dos pré-socráticos a Platão e aos neoplatônicos, e falseia, portanto, fatalmente a perspectiva de conjunto. E isso aconteceu justamente com Zeller e com o numeroso grupo dos seus seguidores (e, portanto, com o grosso da manualística que por longo tempo reafirmou a interpretação de Zeller).

O estudioso alemão soube indicar bem exatamente os nexos entre religião pública grega e filosofia grega (e, sobre este ponto nós reproduziremos as suas preciosas observações, que continuam paradigmáticas); mas depois caiu numa visão totalmente unilateral, desconhecendo a incidência dos mistérios, e em particular do orfismo, com as absurdas consequências que apontaremos.

Mas, por enquanto, vejamos a natureza e a importância da religião pública dos gregos e em que sentido e medida ela influiu sobre a filosofia. Pode-se dizer que, para o homem homérico e para o homem grego filho da tradição homérica, *tudo é divino*, no sentido de que tudo o que acontece é obra dos deuses. Todos os fenômenos naturais são promovidos por numes: os trovões e os raios são lançados por Zeus do alto do Olimpo, as ondas do mar são levantadas pelo tridente de Posseidon, o sol é carregado pelo áureo carro de Apolo, e assim por diante. Mas também os fenômenos da vida interior do homem grego individual assim como a sua vida social, os destinos da sua cidade e das suas guerras são concebidos como essencialmente ligados aos deuses e condicionados por eles.

Mas quem são esses deuses? São — como há tempo se reconheceu acertadamente — forças naturais diluídas em formas humanas idealizadas, são aspectos do homem sublimados, hipostasiados; são forças do homem cristalizadas em belíssimas figuras. Em suma: os deuses da religião natural grega são *homens amplificados e idealizados*; são, portanto, *quantitativamente* superiores a nós, mas não *qualitativamente* diferentes. Por isso a religião pública grega é certamente uma forma de religião *naturalista*. É tão naturalista que, como justamente observou Walter Otto, "a santidade aí não pode encontrar lugar"[3], uma vez que pela sua própria essência os deuses não querem, nem poderiam, elevar o homem acima de si mesmo. De fato, se a natureza dos deuses e dos homens, como dissemos, é idêntica e se diferencia *somente por grau*, o homem vê a si mesmo nos deuses, e, para elevar-se a eles, não deve de modo algum entrar em conflito com ele mesmo, não deve comprimir a própria natureza ou aspectos da própria natureza, não deve em nenhum sentido morrer em parte a si mesmo; deve simplesmente ser si mesmo.

Portanto, como bem diz Zeller, o que a Divindade exige do homem "não é de modo algum uma transformação interior da sua maneira de pensar, não uma luta com as suas tendências naturais e os seus impulsos; porque, ao contrário, tudo isso, que para o homem é natural, é legítimo também para a divindade; o homem mais divino é aquele que desenvolve do modo mais vigoroso as suas forças humanas; e o cumprimento do seu dever religioso consiste essencialmente nisso: que o homem faça, em honra da divindade, o que é conforme com a sua natureza"[4].

Assim como foi naturalista a religião dos gregos, também "[...] a sua mais antiga filosofia foi naturalista; e mesmo quando a ética conquistou a preeminência [...], a sua divisa continuou sendo a conformidade com a natureza"[5].

Isso é indubitavelmente verdadeiro e bem-estabelecido, mas ilumina apenas uma face da verdade.

Quando Tales disser que "tudo está cheio de deuses", mover-se-á, sem dúvida, em análogo horizonte naturalista: os deuses de Tales serão deuses derivados do princípio natural de todas as coisas (água). Mas quando Pitágoras falar de transmigração das almas, Heráclito, de um destino ultraterreno das almas e Empédocles explicar a via da purificação, então o naturalismo será profundamente lesionado, e *tal lesão não será compreensível senão remetendo-se à religião dos mistérios, particularmente ao orfismo.*

Mas antes de dizer isso, devemos ilustrar outra característica essencial da religião grega, determinante para a possibilidade do nascimento da reflexão filosófica.

---

3. W. F. Otto, *Die Götter Griechenlands*, Frankfurt am Main 19564; trad. ital. Florença 1941 (Milão 19682), p. 9.

4. Zeller-Mondolfo, I, 1, pp. 105s.

5. Zeller-Mondolfo, I, 1, p. 106.

Os gregos não possuíam livros tidos como sagrados ou fruto de divina revelação. Eles não tinham uma dogmática teológica fixa e imodificável. (Nessa matéria, as fontes principais eram os poemas homéricos e a *Teogonia* de Hesíodo.) Consequentemente, na Grécia não podia haver sequer uma casta sacerdotal que custodiasse os dogmas. (Os sacerdotes na Grécia tinham um poder muito limitado e uma escassa relevância, uma vez que, além de não terem a tarefa de custodiar e comunicar um dogma, não tinham nem mesmo a exclusividade de oficiar os sacrifícios.)

Ora, a falta de um dogma e de guardiães dele deixou a mais ampla liberdade à especulação filosófica, a qual não encontrou obstáculos de caráter religioso semelhantes aos que se encontrariam entre os povos orientais, dificilmente superáveis. Justamente por isso os estudiosos destacam essa fortunosa circunstância histórica na qual se encontraram os gregos, única na antiguidade, e cujo alcance é de valor verdadeiramente inestimável.

3. A religião dos mistérios: incidência do orfismo sobre a constituição da problemática da filosofia antiga

O fato de uma religião dos mistérios ter florescido na Grécia constitui claro sintoma de que *para muitos não bastava a religião oficial*, ou seja, muitos não encontravam nela satisfação adequada para o autêntico sentido religioso.

Não nos interessa traçar aqui, nem mesmo sumariamente, uma história das religiões mistéricas, dado que só o orfismo incidiu sobre a problemática filosófica de modo determinante. Os órficos consideravam como fundador do seu movimento o mítico poeta da Trácia, Orfeu (que, ao contrário do tipo de vida encarnado pelos heróis homéricos, teria cantado um tipo mais interior e espiritual de vida) e dele derivam o nome. Não sabemos a origem do movimento e como ele se difundiu na Grécia. Heródoto o faz derivar do Egito[6]; o que é impossível, porque os documentos egípcios não apresentam traços de doutrinas órficas e, ademais, o cuidado dos corpos e o seu embalsamamento contrasta nitidamente com o espírito do orfismo, que des-

6. Heródoto, II, 123.

preza o corpo como cárcere e grilhão da alma. O movimento é posterior aos poemas homéricos (que não apresentam nenhum traço dele) e a Hesíodo. É certo o seu florescimento ou reflorescimento no século VI a.C. O núcleo fundamental das crenças ensinadas pelo orfismo, despojadas das várias incrustações e amplificações que aos poucos se lhe acrescentaram, consiste nas seguintes proposições:

a) No homem vive um princípio divino, um demônio, caído num corpo por causa de uma culpa originária.

b) Esse demônio, preexistente ao corpo, é imortal e, portanto, não morre com o corpo, mas é destinado a reencarnar-se sempre de novo em corpos sucessivos através de uma série de renascimentos para expiar a sua culpa.

c) A vida órfica, com as suas práticas de purificação, é a única que pode pôr fim ao ciclo das reencarnações.

d) Por consequência, quem vive a vida órfica (os iniciados) goza, depois da morte, do merecido prêmio no além (a libertação); para os não iniciados há uma punição.

Note-se: muitos reconheceram que a doutrina da transmigração das almas veio aos filósofos justamente através dos órficos. Porém nem todos tiraram as consequências que esse reconhecimento comportava, as quais são da máxima importância.

Com o orfismo nasce a primeira *concepção dualista* de alma (=demônio) e corpo (=lugar de expiação da alma): pela primeira vez o homem vê contrapor-se em si dois princípios em luta um contra o outro, justamente porque o corpo é visto como cárcere e lugar de punição do demônio. Enfraquece-se a visão naturalista da qual falamos no parágrafo anterior e, assim, o homem começa a compreender que nem todas as tendências que percebe em si são boas, que algumas, ao contrário, devem ser reprimidas e comprimidas, e que é necessário *purificar* o elemento divino nele existente do elemento corpóreo e, portanto, mortificar o corpo.

Com isso estão lançadas as premissas de uma revolução de toda a visão da vida ligada à religião pública: a virtude dos heróis homéricos, a *areté* tradicional, deixa de ser a *verdadeira* virtude; a vida passa a ser vista segundo uma dimensão totalmente nova.

Ora, *sem o orfismo não conseguiremos explicar Pitágoras, Heráclito, Empédocles, e, naturalmente, Platão e tudo o que dele deri-*

va. E quando Zeller objeta que as crenças órficas, nesses filósofos, simplesmente *se acrescentam* às suas teorias científicas e que nestas "ninguém poderia encontrar uma lacuna se aquela [a fé órfica] faltasse"[7], demonstra simplesmente que se põe contra a história. De fato, justamente na Sicília e na Magna Grécia, onde o orfismo foi particularmente florescente, as escolas filosóficas *assumiram características diferentes com relação às escolas que floresceram na Ásia Menor*, e levantaram uma problemática em parte diferente e criaram até mesmo uma têmpera teórica diferente. E se é verdade que os filósofos itálicos não saberão operar uma perfeita síntese entre doutrinas científicas e fé órfica, é igualmente verdade que se tirássemos daqueles as doutrinas órficas, perderíamos exatamente o *quid* que, justapondo-se num primeiro momento às doutrinas naturalistas, levará, num segundo momento, à sua superação. E quando Zeller escreve ainda ulteriormente: "Só em Platão a fé na imortalidade é fundada filosoficamente, mas dele dificilmente se poderá pensar que tal crença ser-lhe-ia impossível sem os mitos que por ela opera"[8]; também nesse caso Zeller se põe contra a verdade histórica, porque *de fato* é verificável que Platão começa a falar de imortalidade quando começa a falar dos mitos órficos. E será justamente a solicitação da visão órfica que levará Platão a empreender sua "segunda navegação", vale dizer, a via que o levará a descobrir o mundo do suprassensível.

4. As condições políticas, sociais e econômicas que favoreceram o nascimento da filosofia entre os gregos

Muito insistiram os historiadores na peculiar posição de *liberdade* que distingue o grego dos povos orientais. O oriental estava preso a uma cega obediência ao poder religioso e ao poder político. No que diz respeito à religião, já vimos de que liberdade o grego gozava. Quanto às condições políticas, o discurso é mais complexo; todavia pode-se dizer que o grego gozou, também nesse campo, de uma situação de privilégio. Com a criação da *polis*, o grego não

7. Zeller-Mondolfo, I, 1, p. 139.
8. *Ibidem*.

sentiu mais nenhuma antítese entre o indivíduo e o Estado e nenhum limite à própria liberdade e, ao contrário, foi levado a compreender-se *não acidentalmente, mas essencialmente* como cidadão de determinado Estado, de determinada *polis*. O Estado se tornou e se manteve até a era helenística como o horizonte do homem grego e, portanto, os fins do Estado foram sentidos pelos cidadãos individuais como os seus próprios fins, o bem do Estado como o próprio bem, a grandeza do próprio Estado como a própria grandeza, a liberdade do próprio Estado como a própria liberdade.

Mas, concretamente, dois são os fatos políticos "que dominam sobre os outros"[9], como bem o nota Zeller, no progresso da civilização grega anterior ao surgimento da filosofia: *a*) o nascimento de ordenamentos republicanos e *b*) a expansão dos gregos para o Oriente e para o Ocidente com a formação das colônias.

Esses dois fatos foram decisivos para o surgimento da filosofia.

Quanto ao primeiro ponto, Zeller adverte: "Nos esforços e nas lutas dessas revoluções políticas [que levaram os gregos das velhas formas aristocráticas de governo às formas republicanas e democráticas] todas as forças deviam ser despertadas e exercitadas; a vida pública abria passagem à ciência, e o sentimento da jovem liberdade devia dar ao espírito do povo grego um impulso, do qual não podia ficar de fora a atividade científica. Se, pois, contemporaneamente à transformação das condições políticas, e em meio a vivas disputas, foi posto o fundamento do florescimento artístico e científico da Grécia, não se pode desconhecer a conexão dos dois fenômenos; pelo contrário, a cultura é, por isso mesmo, entre os gregos, plenamente e da maneira mais aguda, o que ela será sempre em qualquer vida sadia de um povo: ao mesmo tempo, fruto e condição da liberdade"[10].

Mas deve-se notar um fato, que confirma isso da melhor maneira (e com isso nos ligamos ao segundo dos fenômenos da história grega acima recordados): a filosofia *nasceu antes nas colônias que na mãe pátria*; nasceu antes nas colônias do Oriente da Ásia Menor, em seguida nas colônias do Ocidente da Itália meridional, só mais tarde refluindo para a mãe pátria.

---

9. Zeller-Mondolfo, I, 1, p. 174.
10. Zeller-Mondolfo, I, 1, p. 175.

Por que isso aconteceu? Porque, como há tempo se notou, as colônias puderam, com a sua operosidade e com o seu comércio, alcançar o bem-estar e, portanto, a cultura. E por causa de certa mobilidade que a distância da mãe pátria lhes deixava, puderam também dar-se livres constituições antes daquela.

Foram as condições socioeconômicas mais favoráveis das colônias que permitiram o nascimento e o florescimento nelas da filosofia, a qual, depois, tendo passado à mãe pátria, alcançou os mais altos cimos, não em Esparta ou noutras cidades, mas justamente em Atenas, isto é, na cidade onde existiu, como o próprio Platão reconheceu, a maior liberdade da qual os gregos gozaram.

III. NATUREZA E PROBLEMAS DA FILOSOFIA ANTIGA

1. Características definidoras da filosofia antiga

Até agora falamos de filosofia sem determinar de modo específico o conceito: é só neste ponto que podemos fazê-lo, à luz das observações precedentes.

Digamos logo de início que a tradição sustenta ter sido Pitágoras o inventor do termo, o que, se não é historicamente verificável, é verossímil. O termo foi cunhado certamente por um espírito religioso, que pressupunha ser possível só aos deuses uma "sophia" como posse certa e total, enquanto destacava que ao homem só era possível tender à "sophia", um contínuo aproximar-se, um amor jamais totalmente satisfeito dela, de onde justamente o nome filosofia, amor à sapiência.

Mas que entenderam os gregos por essa amada e buscada sapiência? Prescindindo das várias oscilações e incertezas que de fato se encontram no uso do termo (incertezas na verdade assaz notáveis, porque os vários autores e as várias correntes de pensamento na filosofia ou incluem amiúde muito pouco, ou incluem demais, segundo as circunstâncias), é possível estabelecer aquilo que de *direito* merece ser chamado de filosofia, e aquilo que também *de fato*, a partir de Tales, fizeram todos os que mereceram o nome de filósofos. (As incertezas surgiram porque os vários filósofos, além de ocupar-se daquilo que veremos ser propriamente filosofia, ocuparam-se também de numerosos outros tipos de conhecimento que pretenderam fazer entrar globalmente na filosofia, como se, sendo um o pesquisador, uma também devesse ser toda a ciência por ele possuída.)

Pois bem, a partir do seu nascimento, a ciência filosófica apresentou de modo nítido as seguintes características, que dizem respeito, respectivamente, *a*) ao seu *conteúdo*, *b*) ao seu *método*, *c*) ao seu *escopo*.

a) Quanto ao conteúdo, a filosofia quer explicar a *totalidade das coisas*, ou seja, *toda a realidade*, sem exclusão de partes ou momentos dela, distinguindo-se assim estruturalmente das ciências particulares, que, ao invés, limitam-se a explicar determinados setores da realidade, grupos particulares de coisas e de fenômenos. E já na pergunta de

Tales (o primeiro dos filósofos) sobre o princípio de *todas as coisas*, esta dimensão da filosofia está presente em todo o seu alcance.

b) Quanto ao método, a filosofia quer ser explicação *puramente racional* da totalidade que é seu objeto. O que vale em filosofia é o argumento de razão, a motivação lógica: é, numa palavra, *o lógos*. Não basta à filosofia constatar, verificar dados de fato, coletar experiências: a filosofia deve ir além do fato e das experiências para encontrar as suas razões, a causa, o princípio.

E é este caráter que confere cientificidade à filosofia. Tal caráter é comum também a outras ciências, as quais, exatamente enquanto ciências, nunca são apenas constatação e verificação empírica, mas são sempre busca de causas e de razões. Mas a diferença está em que, enquanto as ciências particulares são busca de causas de realidades particulares ou de setores de realidade particulares, a filosofia é, ao invés, busca de causas e princípios de toda a realidade (como, de resto, impõe necessariamente a primeira das características acima ilustrada).

c) Enfim, devemos esclarecer qual é o escopo da filosofia. E sobre este ponto Aristóteles explicou melhor do que todos que a filosofia tem um caráter puramente teórico, ou seja, contemplativo: ela visa simplesmente à busca da verdade por si mesma, prescindindo das suas utilizações práticas. Não se busca a filosofia por qualquer vantagem que lhe seja estranha, mas por ela mesma; ela é, pois, "livre" enquanto não se submete a qualquer utilização pragmática e, portanto, realiza-se e se resume em pura contemplação do verdadeiro. E também deste ponto de vista o nome filosofia resulta, na verdade, perfeitamente dado: amor ao saber em si mesmo, amor desinteressado ao verdadeiro.

Eis algumas afirmações de Aristóteles, particularmente iluminadoras:

> Que ela não tenda a realizar alguma coisa depreende-se claramente das afirmações daqueles que por primeiro cultivaram a filosofia. De fato, os homens começaram a filosofar, agora como na origem, por causa da admiração: enquanto no início ficavam maravilhados diante de dificuldades mais simples, em seguida, progredindo pouco a pouco, chegaram a pôr-se problemas sempre maiores: por exemplo, os problemas relativos aos fenômenos da lua e os relativos ao sol e aos astros, ou os problemas relativos à geração de todo o universo. Ora, quem experimenta uma sensação de dúvida e de maravilha reconhece que não sabe; e é por isso que também aquele que ama o mito é, de certo modo, filósofo: o mito, com efeito, é constituído por um conjunto de coisas que despertam admiração. *Assim, se os homens*

filosofaram para libertar-se da ignorância, é evidente que buscaram o conhecimento só com a finalidade de saber e não para alcançar alguma utilidade prática. E o próprio modo segundo o qual as coisas se desenvolveram o demonstra: quando já se possuía praticamente tudo o que era necessário para a vida e também para a prosperidade e para o bem-estar, então se começou a buscar aquela forma de conhecimento. *É evidente, portanto, que nós não a buscamos por nenhuma vantagem que lhe seja estranha; e, antes, é evidente que, como chamamos livre o homem que é fim para si mesmo e não serve a outros, assim só ela, entre todas as outras ciências, chamamos livre: só ela, de fato, é fim para si mesma*[1].

Torna-se agora perfeitamente claro o discurso que até aqui conduzimos sobre a originalidade da ciência filosófica dos gregos.

As sapiências orientais são profundamente embebidas de representações fantásticas e nelas predomina o elemento imaginativo e mítico e, portanto, carecem exatamente do caráter de cientificidade. E as próprias ciências e artes orientais (matemática e geometria egípcias, astronomia caldeia), embora chamando em causa a razão, carecem do elemento da teoricidade, isto é, da liberdade especulativa e, naturalmente, como conhecimentos particulares, também do primeiro dos elementos. É, portanto, clara a absoluta originalidade dessa admirável síntese criativa do gênio grego que foi a filosofia, assim como sua grandeza, à qual não é retórica chamar de sublime, justamente porque leva o homem a tocar o vértice das suas possibilidades.

Com razão Aristóteles a chamará de "divina", porque além de levar-nos a conhecer a Deus, ela possui as mesmas características que deve possuir a própria ciência que Deus possui, vale dizer, a desinteressada, livre, total contemplação da verdade. Por isso, diz ainda muito bem Aristóteles, "todas as outras ciências serão mais necessárias do que esta, mas nenhuma lhe será superior"[2].

---

1. Aristóteles, *Metafísica* A 2, 982 b 11-28 (a tradução que utilizamos é nossa; Cf. Reale, *Aristotele, La Metafisica*, 2 vols., Loffredo, Nápoles, 1968).

2. A passagem reproduzida pouco acima prossegue: "Por isso, também, com razão se poderia pensar que possuí-la não seja próprio do homem; de fato, por muitos aspectos a natureza dos homens é escrava, e por isso Simonides diz que 'só Deus pode ter este privilégio' e que não é conveniente que o homem busque senão uma ciência a ele adequada. E se os poetas dissessem a verdade, e se a divindade fosse verdadeiramente invejosa, é lógico que se deveriam ver os efeitos disso sobretudo neste caso, e que deveriam ser desventurados todos os que são excelentes no saber. Na realidade, não é possível que a divindade seja invejosa, mas, como afirma o provérbio, os poetas dizem muitas mentiras; *nem se deve pensar que exista outra ciência*

E queremos concluir com esta observação, uma vez que hoje não se põe a categoria do desinteresse, mas a do interesse e do útil no vértice de tudo. Quando se afirma, na trilha do pensamento marxista ou de origem marxista, que a filosofia não deve contemplar, mas transformar a realidade e que, portanto, a filosofia antiga, que queria apenas contemplar, deve ser superada por uma forma de filosofia que penetre a realidade para mudar e fazer mudar, não se substitui simplesmente uma visão filosófica por outra, mata-se a filosofia: o ato de transformar a realidade, de fato, só pode ser um momento consequente à verdade buscada e encontrada, e, em vez de ser filosofar é, no máximo, corolário do filosofar. O ato de transformar só pode ser empenho ético, político, educativo e não pode ser nunca, do ponto de vista filosófico, momento primário, porque supõe estruturalmente que se saiba e se determine previamente por que, como, em que sentido e medida deve-se transformar; portanto, supõe sempre o momento teórico (vale dizer, propriamente filosófico) como condicionante. E não vale objetar, como aqueles que, com complexo de culpa diante da objeção praxística, afirmam que transformar a realidade não é, de fato, filosofia, mas que, todavia, o homem de hoje deve filosofar *para* mudar alguma coisa. Também esta posição é depreciativa: com efeito, quem filosofa com este espírito *perde a liberdade*, e a ânsia de transformar condiciona fatalmente e perturba o momento do contemplar; perturba-o a ponto de, invertidos os termos, submetida ao jugo da práxis, a especulação pura tornar-se ideologia e, portanto, deixar de ser filosofia.

Portanto, também nisso os gregos foram e continuam sendo mestres: só se é filósofo se e enquanto se é totalmente livre, ou seja, só se e enquanto, com absoluta liberdade, se contempla ou se busca o verdadeiro como tal, sem ulteriores razões determinantes. E aquilo que

---

mais digna de honra. Esta, com efeito, entre todas, é a mais divina e a mais digna de honra. Mas uma ciência só pode ser divina nestes dois sentidos: *a*) ou porque ela é *a ciência que Deus possui* em grau supremo, *b*) ou também porque *tem como objeto as coisas divinas*. Ora, só a sabedoria possui estas características: de fato, é convicção comum a todos que Deus seja uma causa e um princípio e, também, que Deus, ou exclusivamente ou em grau supremo, tenha este tipo de ciência. Todas as outras ciências serão mais necessárias que esta, mas nenhuma lhe será superior".

se consegue como efeito prático da verdade encontrada e contemplada já está essencialmente fora do momento mais propriamente filosófico.

2. Os problemas da filosofia antiga

Dissemos que a filosofia quer conhecer a totalidade da realidade com método racional e com finalidade puramente teórica. Ora, é claro que a totalidade da realidade não é um bloco monolítico, mas um conjunto de coisas distintas entre si, embora orgânica e estreitamente ligadas. É claro que o problema filosófico geral deverá, necessariamente, subdividir-se e, por assim dizer, cadenciar-se em problemas mais particulares e determinados, ligados entre si segundo os modos e à medida que são conexas as realidades que eles têm por objeto. E é claro, a *priori*, que esses problemas particulares, no âmbito do problema geral, virão à luz não simultânea, mas progressivamente no tempo.

Assim, num primeiro momento, a totalidade do real, a *physis*, foi vista como *cosmo* e, portanto, o problema filosófico por excelência foi o problema cosmológico: como surge o cosmo, qual o seu princípio? quais as fases e os momentos da sua geração? etc. É esta a problemática que, essencial ou, pelo menos, prioritariamente, absorve toda a primeira fase da filosofia grega.

Mas com os sofistas o quadro muda: a problemática do cosmo, por razões que explicaremos, cai na sombra, e a realidade que atrai a atenção é o homem. Por isso a filosofia dos sofistas e de Sócrates concentrará a própria atenção sobre a natureza do homem e da sua *virtude ou areté*, de onde nascerá o problema moral.

Com Platão e Aristóteles, a problemática filosófica se diferenciará e enriquecerá ulteriormente, distinguindo alguns âmbitos e setores de problemas que permanecerão depois em todo o curso da história da filosofia como pontos de referência.

Neste ínterim, Platão descobrirá e demonstrará que a realidade, ou o ser, não é de um único gênero, e que, além do cosmo sensível, existe uma realidade inteligível suprassensível e transcendente. Daqui derivará a distinção aristotélica de uma física ou doutrina da realidade sensível, e de uma metafísica ou doutrina da realidade suprassensível. Ulteriormente, os problemas morais se especificarão, serão distinguidos os dois momentos da vida do homem como indivíduo e do homem associado, e nascerá assim a distinção dos problemas propriamente éticos dos problemas propriamente políticos (problemas que, ademais, para o grego permanecem muito mais intimamente ligados do que para os modernos).

Ainda com Platão e sobretudo com Aristóteles, serão fixados os problemas (já presentes nos filósofos precedentes) epistemológicos e lógicos. E, olhando bem, estes são atualização e explícita determinação da segunda das características que vimos ser peculiar à filosofia, ou seja, do *método de busca racional*. Qual é a via que o homem deve seguir para alcançar a verdade? Qual é a verdadeira contribuição dos sentidos, e qual a da razão? Qual é a característica do verdadeiro e do falso? E, mais ainda em geral, quais são as formas lógicas através das quais o homem pensa, julga, raciocina? Quais são as regras para pensar corretamente? Quais são as condições pelas quais um tipo de raciocínio pode ser qualificado como científico?

Em conexão com os problemas lógico-epistemológicos, nasce também o problema da determinação da natureza da arte e do belo, da expressão e da linguagem artística e, portanto, nascem aqueles que hoje chamamos de problemas estéticos. E, sempre em conexão com estes, nascem os problemas da determinação da natureza da retórica e do discurso retórico, isto é, do discurso que visa convencer e à habilidade para convencer.

A especulação pós-aristotélica tratará como definitivamente adquiridos todos esses problemas, e os agrupará em 1) físicos, 2) lógicos e 3) morais. À primeira vista, a especulação pós-aristotélica parecerá modificar uma característica da filosofia: a característica da *teoricidade pura*, ou seja, do *desinteresse prático* da filosofia. De fato, as escolas helenístico-romanas visarão essencialmente construir o ideal de vida do sábio, vale dizer, ideal de vida que garanta a tranquilidade de ânimo, a felicidade, e resolverão os problemas físicos e lógicos unicamente em função dos problemas morais. Mas, olhando bem, o espírito puramente teórico da filosofia não é absolutamente renegado, mas só determinado diferentemente. Com a destruição da pólis e da tradicional hierarquia dos valores que se sustentava sobre a pólis, o filósofo pedirá à filosofia uma nova hierarquia.

E aquilo que o filósofo pedirá à filosofia não será, contudo, que ela transforme os outros e as coisas, mas a ele mesmo: pedirá à filosofia a verdade para poder viver na verdade.

Enfim, a filosofia antiga, no último período, especialmente com o neoplatonismo, se enriquecerá com uma problemática místico-religiosa: diante do cristianismo nascente e triunfante, o pensamento grego buscará indicar ao homem uma visão do Todo e um tipo de vida no Todo que contraste e supere os que são pregados pelo cristianismo; mas apesar de conseguir, nessa tentativa, abrir ulteriores horizontes metafísicos, não se sustentará senão por breve tempo em confronto, porque o cristianismo se apresentará como portador de um verbo que dissolverá a visão grega do mundo e conduzirá o pensamento a outras margens.

IV. OS PERÍODOS DA FILOSOFIA ANTIGA

A filosofia grega tem uma história mais que milenar: parte do século VI a.C. e alcança 529 d.C., ano em que, por vontade do imperador Justiniano, foram fechadas as escolas pagãs, destruídas as suas bibliotecas e dispersos os seus seguidores.

Nesse arco de tempo, podemos distinguir as seguintes fases, momentos ou períodos:

1) O período chamado *naturalista*, caracterizado, como já dissemos, pelo problema da *physis*, ou seja, pelo problema cosmo-ontológico (jônicos, pitagóricos, eleatas, pluralistas).

2) O período chamado *humanista*, que coincide, em parte, com a última fase e com a dissolução da especulação naturalista e tem como protagonistas os sofistas, os quais deslocam a problemática especulativa para o homem, e sobretudo Sócrates, que, pela primeira vez, tenta determinar filosoficamente a essência do homem.

3) O momento das grandes sínteses de Platão e de Aristóteles, caracterizado sobretudo pela descoberta do suprassensível e pela explicitação e formulação orgânica dos vários problemas da filosofia.

4) O período caracterizado pelas escolas helenísticas, com o nascimento e o desenvolvimento de três grandes sistemas: o estoicismo, o epicurismo e o ceticismo e com a sucessiva difusão do ecletismo.

5) O período religioso, que se desenvolve quase por inteiro em época cristã, representado por um primeiro encontro entre Revelação bíblica e cultura helênica em Alexandria, por uma revivescência do estoicismo em Roma (que se colore de tintas religiosas e fortemente espiritualistas), por um repensamento do pitagorismo, e sobretudo por um grandioso renascimento do platonismo, em primeiro lugar, com o assim chamado médio-platonismo e, sucessivamente, sobretudo com o grandioso movimento do neoplatonismo.

Em uma *História da filosofia* entendida como filosofia greco-romana, não deve ser incluída a nascente problemática do pensamento cristão, mas só a temática dos pensadores que não aceitam a nova problemática cristã, uma vez que esta, longe de coroar o pensamento grego, leva-o à crise e prepara um novo modo de pensar e uma nova era, vale dizer, a era medieval. Portanto, esta problemática deve ser aprofundada e determinada adequadamente não como conclusão da especulação antiga, mas como premissa e fundação do pensamento e da filosofia medieval.

DIE FRAGMENTE DER VORSOKRATIKER

GRIECHISCH UND DEUTSCH

VON

HERMANN DIELS

•

SECHSTE VERBESSERTE AUFLAGE HERAUSGEGEBEN VON

WALTHER KRANZ

ERSTER BAND

1951

WEIDMANNSCHE VERLAGSBUCHHANDLUNG.

Este é o frontispício da 6ª edição (1951) dos *Fragmentos dos pré-socráticos*, recolhidos por Hermann Diels (publicados pela primeira vez em 1903) e definitivamente sistematizados por Walter Kranz. As edições posteriores são reprodução desta. Já na 5ª edição (1934-1937), a obra adquirira a imagem típica que a caracteriza. Permanece até hoje como ponto de referência para as citações de todos os pré-socráticos, mesmo havendo para cada um deles numerosas outras edições.

OS FILÓSOFOS NATURALISTAS JÔNICOS E ITÁLICOS OS PROBLEMAS DA *PHYSIS*, DO SER E DO COSMO

... οὔτε γίγνεσθαι οὐθὲν οἴονται οὔτε ἀπόλλυσθαι.

"... *eles creem que nada se gera e nada se corrompe*"

Aristóteles, *Metafísica* A 3, 983 b 12.

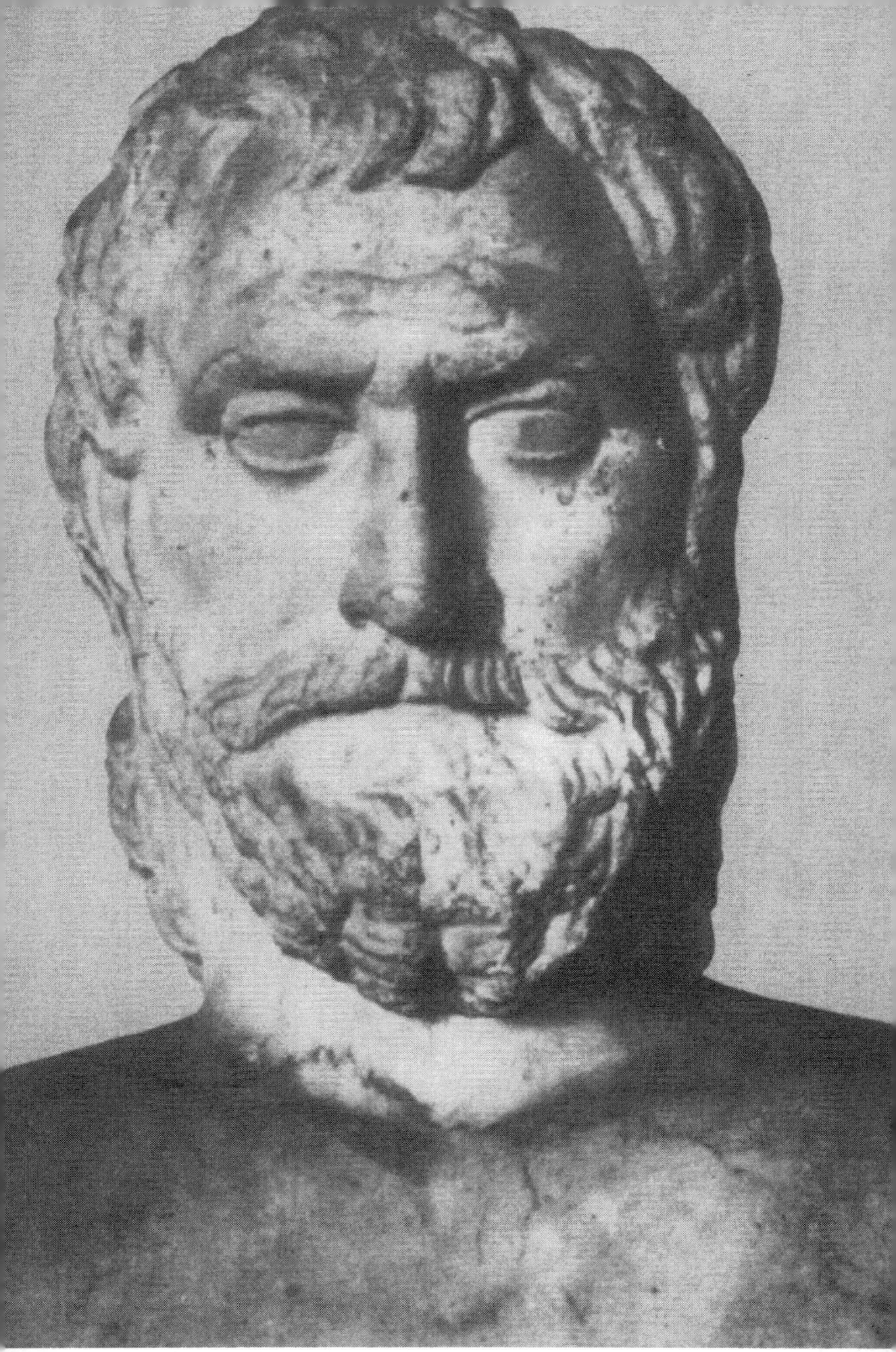

Este rosto representa Tales, numa herma bifronte de Biante, conservada nos Museus Vaticanos.

PRIMEIRA SEÇÃO

PRELÚDIO AO PROBLEMA COSMOLÓGICO

καὶ ὁ φιλόμυθος φιλόσοφός πώς ἐστιν.

"*também o amante do mito é de algum modo filósofo.*"

Aristóteles, *Metafísica* A 2, 982 b 18s.

Baixo-relevo que representa Anaximandro (como se lê na inscrição no alto), pensativo, rosto apoiado na mão esquerda.

I. OS MITOS TEOGÔNICOS E COSMOGÔNICOS

Já foi há muito tempo observado que o antecedente da cosmologia filosófica é constituído pelas teogonias e cosmogonias mítico-poéticas, das quais é muito rica a literatura grega, e cujo protótipo paradigmático é a *Teogonia* de Hesíodo, a qual, explorando o patrimônio da precedente tradição mitológica, traça uma imponente síntese de todo o material, reelaborando-o e sistematizando-o organicamente. A *Teogonia* de Hesíodo narra o nascimento de todos os deuses; e, dado que alguns deuses coincidem com partes do universo e com fenômenos do cosmo, além de teogonia ela se torna também cosmogonia, ou seja, explicação fantástica da gênese do universo e dos fenômenos cósmicos.

Hesíodo imagina, no proêmio, ter tido, aos pés do Hélicon, na Beócia, uma visão das Musas, e ter recebido delas a revelação da verdade da qual ele se faz, mediatamente, arauto. Em primeiro lugar, diz ele, gerou-se o *Caos*, em seguida gerou-se *Gea* (a Terra), em cujo seio amplo estão todas as coisas, e nas profundidades da Terra gerou-se o Tártaro escuro, e, por fim, Eros (o Amor) que, depois, deu origem a todas as outras coisas. Do Caos nasceram Êrebo e Noite, dos quais se geraram o Éter (o Céu superior) e Êmera (o Dia). E da Terra sozinha se geraram Urano (o Céu estrelado), assim como o mar e os montes; depois, juntando-se com o Céu, a Terra gerou Oceano e os rios.

Procedendo no mesmo estilo, Hesíodo narra a origem dos vários deuses e numes divinos. Zeus pertence à última geração: de fato, foi gerado de Crono e de Rea (que, por sua vez, tinham sido gerados da Terra e de Urano); e, como Zeus, fazem parte da última geração todos os outros deuses do Olimpo homérico, vale dizer, os deuses que o grego então venerava.

Ora, como dissemos, é indubitável que a *Teogonia* de Hesíodo e, em geral, as representações teogônico-cosmológicas são o antecedente da cosmologia filosófica; todavia, é igualmente indiscutível que entre essas tentativas e a cosmologia filosófica (mesmo a mais primitiva, isto é, a de Tales) há uma nítida diferença. Para compreender a diferença entre uma e outra, voltemos às três características que acima indicamos como distintivas da filosofia, ou seja, *a*) a representação da totalidade do real, *b*) o método de explicação racional, *c*) o puro interesse teórico. Ora, não há dúvida de que as teogonias possuem a primeira e a terceira dessas características, mas *carecem da segunda, que é qualificante e determinante*. Elas procedem com o mito, com a representação fantástica, com a imaginação poética, com intuitivas analogias sugeridas pela experiência sensível; portanto, permanecem aquém do *lógos*, ou seja, aquém da explicação racional.

E quando Aristóteles disse que o amante do mito é de algum modo filósofo[1], disse-o referindo-se exatamente ao fato de que, como a filosofia, o mito nasce para satisfazer a admiração ou o puro desejo de saber, não por fins pragmáticos[2]: mas o mito permanece mito, parente da filosofia, não filosofia.

E dado que sobre este ponto, recentemente, se discutiu, e alguns acreditaram poder negar a existência dessa diferença, é bom que nos detenhamos em reafirmar alguns conceitos que consideramos essenciais. Jaeger escreveu: "Na *Teogonia* hesiodiana reina de alto a baixo o mais obstinado intelecto construtivo, com toda a coerência de um ordenamento e de uma pesquisa racional. Na sua cosmologia, por outra parte, há ainda uma força inata de intuição mítica, a qual permanece eficaz, além do limite no qual costumamos apontar o começo do reino da filosofia 'científica', nas doutrinas dos 'físicos' e sem a qual nos resultaria incompreensível a maravilhosa fecundidade filosófica daquele antiquíssimo período científico. As forças naturais de atração e de repulsão da doutrina de Empédocles, o Amor e o Ódio, têm a mesma origem espiritual do Eros cosmogônico de Hesíodo. O início da filosofia científica *não* coincide, pois, nem com o do pensamento racional nem com o fim do pensamento mítico. Encontramos ainda a mais genuína mitogonia no núcleo da filosofia de Platão e de Aristóteles, como no mito platônico da alma ou na intuição aristotélica do amor das coisas para com o motor imóvel do mundo"[3]. Mas Jaeger é vítima de uma ilusão de ótica: ninguém nega que antes do advento da filosofia existisse a razão e ninguém afirma que na *Teogonia* hesiodiana (assim como na épica homérica) não existam mais que mito e fantasia e nada de razão; assim como ninguém nega, ao contrário, que na filosofia permaneçam por muito tempo elementos míticos e fantásticos.

1. Aristóteles, *Metafísica* A 2, 982 b 18s.
2. *Ibidem*.
3. Jaeger, *Paideia*, I, p. 286.

Mas o ponto essencial está no *papel determinante* que desempenham uns e outros fatores; e veremos logo que, enquanto em Hesíodo ou nos autores de teogonias, o papel determinante é dado ao elemento fantástico-poético-mitológico, em Tales será, ao invés, dado ao *lógos* e à razão: e é precisamente por isso que a tradição chamou Tales de primeiro filósofo, dando-se perfeitamente conta de que no seu discurso algo mudara radicalmente com relação ao discurso dos poetas, e que esse algo assinalava a passagem do mito ao *lógos*.

De resto, note-se que na *Teogonia* hesiodiana falta exatamente o ponto que qualifica a cosmologia filosófica, vale dizer, *a tentativa de individuar o primeiro princípio imprincipiado, a fonte absoluta de tudo*. E o próprio Jaeger, contradizendo a tese da qual falamos acima, revela-o escrevendo: "O pensamento genealógico de Hesíodo considera advindo também o caos. Ele não diz: no princípio era o caos, mas: *primeiro adveio o caos*, depois a terra etc. Neste ponto se apresenta a questão de se não deve haver também um início do devir que, por sua vez, não seja advindo. A tal questão Hesíodo não responde, nem sequer a põe. Isso pressupõe uma lógica de pensamento ainda muito longe dele"[4].

Mas, note-se, não põe a questão e não pode pô-la, justamente porque a fantasia, que se alimenta do sensível e das analogias extraídas do sensível, quando chega ao caos se apaga, e, não sabendo mais imaginar formas ulteriores, se detém; e a fantasia pode se representar como gerando o próprio caos, vale dizer, a realidade primeira, justamente porque vê que tudo é gerado (deuses e coisas); para representar-se isso em sentido contrário, ela deveria ir contra si mesma e, portanto, negar-se. E é exatamente isso que fará a filosofia desde o seu nascimento: irá contra a fantasia, a imaginação e os sentidos e inferirá suas figuras especulativas com a força do *lógos*, contestando o mito e as aparências sensíveis, criando algo completamente novo.

E quando se diz que a *Teogonia* é de grande importância para o advento da futura filosofia, diz-se algo justo: mas o advento da filosofia pressupõe a aquisição do novo plano do *lógos*, isto é, uma revolução, como em seguida veremos.

---

4. Jaeger, *Die Theologie der fruhen griechischen Denker*, Stuttgart 1953; trad. ital. de E. Pocar, *La teologia dei primi pensatori greci*, La Nuova Italia, Florença 1961, p. 16 (citado sempre da execelente tradução italiana).

SEGUNDA SEÇÃO

OS MILESIANOS E HERÁCLITO

... ἐκ πάντων ἓν καὶ ἐξ ἑνὸς πάντα.

"... de todas as coisas um e de um todas as coisas."

Heráclito, fr. 10.

Esta expressiva figura, com a cabeça coberta por um manto e traços hieráticos (herma proveniente de Éfeso) foi identificada por algum estudioso com Heráclito, que era justamente de Éfeso.

I. TALES

1. As proposições filosóficas atribuídas a Tales

De Tales[1], que nada escreveu, é Aristóteles quem nos informa, dizendo-nos dele o que segue.

a) Tales foi o iniciador da filosofia da *physis*, enquanto por primeiro afirmou a existência de um princípio único, causa de todas as coisas que são, e disse que esse princípio é a água[2].

---

1. Tales nasceu em Mileto. Não sabemos com exatidão as datas de nascimento e de morte (de resto são incertas as datações de todos os pré-socráticos). Parece que foi contemporâneo de Sólon e de Creso. Como Tales previu um eclipse solar, tentou-se determinar a sua data, esperando assim poder determinar também a cronologia de quem a previu. Infelizmente os resultados são incertos: alguns pensaram no eclipse de 610 a.C.; a maioria hoje pensa, ao invés, no de 585 a.C. Se assim fosse, poder-se-ia plausivelmente situar o nascimento do nosso filósofo nos últimos decênios do século VII e a morte por volta da metade do VI. Provavelmente não nos enganamos situando a atividade de Tales na primeira metade do século VI. Foi, além de filósofo e cientista, destacado político. De quase todos os pré-socráticos — note-se — é-nos atestado o empenho político. Diógenes Laércio, I, 25, nos diz: "Parece que mostrou grande senso nos negócios políticos, e quando Creso solicitou aliança com os milesianos, ele a desaconselhou e isto salvou a cidade, quando Ciro saiu vencedor" [= Diels-Kranz, 11 A 1 (trad. ital. de A. Maddalena, *Ionici. Testimonianze e frammenti*, La Nuova Italia, Florença 1963)].

N.B. — Para todos os pré-socráticos, é indispensável ponto de referência a coletânea de testemunhos e fragmentos organizada, antes, por H. Diels e, depois, revista e elaborada por W. Kranz, *Die Fragmente der Vorsokratiker*, primeira edição 1903; sexta edição, 3 vols., Berlim 1951-1952, muitas vezes reimpressa.

O leitor tenha presente que nas citações de Diels-Kranz o primeiro número indica o capítulo (que corresponde também ao número de ordem com o qual é sistematizado cada filósofo), a letra maiúscula que segue indica se se trata de testemunho indireto (letra A) ou de fragmento (letra B); o número que segue a letra indica o número que ao testemunho ou ao fragmento foi assinalado na coletânea. Quando tais indicações não bastem, referiremos também o volume e a página. Utilizamos sempre traduções italianas dos fragmentos e dos testemunhos (cujos autores indicaremos passo a passo; quando não se indicar o nome do tradutor, a versão dos originais será de nossa autoria), mas as indicações pontuais das fontes querem ser, mais que facilitação da consulta, constante convite a que o leitor vá aos originais, mesmo através das traduções, já que a palavra de cada filósofo deve ser preferentemente ouvida em sua formulação original.

2. Aristóteles, *Metafísica*, A 3, 983 b 6ss. (= Diels-Kranz, 11 A 12).

b) Afirmou que o mundo está cheio de deuses[3].

c) Disse que o ímã possui uma alma, porque é capaz de mover (e, portanto, a alma é princípio de movimento)[4].

Naturalmente, de todas estas proposições, essencial é a primeira. Ora, como justamente foi escrito, a proposição é "fundamentalíssima, e é [...], poder-se-ia dizer, a primeira proposição filosófica da que se costuma chamar civilização ocidental [...]"[5].

Mas que terá entendido Tales com o que Aristóteles chama de princípio? Como e por que o identificou com a água? Qual é o preciso nexo entre o princípio-água e as coisas singulares?

2. O significado de "princípio"

Princípio não é certamente um termo de Tales (que parece ter sido forjado por seu discípulo, Anaximandro), mas é sem dúvida o termo que, melhor do que qualquer outro, indica o pensamento de que a água é *origem de tudo*. Pois bem, o princípio-água não tem absolutamente mais nada a ver com o caos hesiodiano, nem com qualquer princípio mítico. É, como diz Aristóteles, "aquilo de que *derivam* originariamente e em que se *dissolvem* por último todos os seres", é "uma realidade que pemanece idêntica na transformação das suas afecções", vale dizer, uma realidade "que continua a existir intransformada"[6], mesmo através do processo gerador de tudo. Portanto é *a*) fonte ou origem das coisas, *b*) foz ou termo último das coisas, *c*) permanente sustento (substância, diremos com um termo posterior) das coisas. Em suma, o "princípio" é aquilo do qual as coisas vêm, aquilo pelo que são, aquilo no qual terminam. Tal princípio foi denominado com propriedade por esses primeiros filósofos (senão pelo próprio Tales) de *physis*, palavra que não significa "natureza" no sentido moderno do termo, mas *realidade primeira, originária e fundamental*; significa, como foi bem assinalado, "o que é primário, fundamental e persistente, em oposição ao que é secundário, derivado e transitório"[7].

3. Aristóteles, *Da alma*, A 5, 411 a 8 (= Diels-Kranz, 11 A 22).
4. Aristóteles, *Da alma*, A 2, 405 a 19ss. (= Diels-Kranz, 11 A 22).
5. Maddalena, *Ionici. Testimonianze e frammenti*, p. 4.
6. Aristóteles, *Metafísica*, A 3, 983 b 9ss. (= Diels-Kranz, 11 A 12).
7. Burnet, *Early Gr. Philos.*, § VII.

3. A água é princípio

E por que Tales pensou que a água fosse princípio? É ainda Aristóteles quem nos informa com precisão:

> Tales, iniciador desse tipo de filosofia, diz que o princípio é a *água* (por isso afirma também que a terra flutua sobre a água) extraindo certamente esta convicção da constatação de que o alimento de todas as coisas é úmido, que até o quente se gera do úmido e vive no úmido. Ora, aquilo de que todas as coisas se geram é, exatamente, o princípio de tudo. Ele tira, pois, esta convicção desse fato e do fato de que todas as sementes de todas as coisas têm uma natureza úmida, e a água é o princípio da natureza das coisas úmidas[8].

Como se vê, é por uma precisa série de razões, as quais, embora ampliadas pela tradição oral, trazem a inconfundível marca do *lógos*, vale dizer, da motivação propriamente racional: o princípio é a água, porque tudo vem da água, a própria vida se sustenta com a água, acaba na água. Portanto, não mais representações extraídas da imaginação, não mais figurações fantástico-poéticas: passou-se agora decididamente do mito ao *lógos*. E assim nasceu a filosofia.

Na verdade, já desde a antiguidade tentou-se assimilar o pensamento de Tales às afirmações daqueles (por exemplo Homero) que puseram Oceano e Tétis, respectivamente, como pai e mãe das coisas, e tentou-se evocar a antiga crença segundo a qual os deuses juravam sobre o Estige (que é rio e, portanto, água), chamando a atenção para o fato de que aquilo sobre o que se jura é o que é primeiro e supremo. E os modernos fizeram eco, evocando numerosas concepções orientais análogas. Mas já Aristóteles, opondo-se a tais conjeturas, dizia textualmente:

> Mas que essa concepção da realidade tenha sido tão originária e tão antiga não fica claro; ao contrário, afirma-se que Tales por primeiro professou essa doutrina sobre a causa primeira[9].

E Simplício escrevia:

> É tradição que Tales por primeiro desvendou aos gregos a pesquisa sobre a natureza, embora existissem, como sustenta Teofrasto, também muitos outros pesquisadores. Mas Tales superou os que o precederam, a ponto de fazer esquecer a todos[10].

---

8. Aristóteles, *Metafísica*, A 3, 983 b 20-27 (= Diels-Kranz 11 A 12)
9. Aristóteles, *Metafísica*, A 3, 984 a 1-3.
10. Simplício, *In Arist. Phys.*, 23, 29 (= Diels-Kranz, 11 B 1).

Em suma, os antigos já se deram conta de encontrarem-se, com relação ao pensamento de Tales, diante de algo totalmente novo: e, com efeito, Oceano, Tétis e Estige são símbolos fantásticos, figuras poéticas, criações da imaginação, enquanto as proposições de Tales fundam-se sobre o *lógos*. Nos primeiros há somente o mito, aqui já existe a filosofia.

Sobre o terceiro dos problemas que levantamos, não parece que Tales tenha refletido ou, pelo menos, nada nos é referido.

4. As outras proposições de Tales

A segunda proposição nos é referida nos seguintes termos:

> Alguns pensadores sustentam que a alma se mistura com tudo: e é por isso, talvez, que ele sustenta que tudo *é cheio de deuses*[11].

Esta proposição de que tudo é cheio de deuses (já recordada por Platão, antes de Aristóteles, e repetida depois pela doxografia)[12], é iluminada por uma passagem de Diógenes Laércio, segundo a qual Tales teria dito que "deus é a coisa mais antiga, porque ingênito"[13]. E se Tales disse isso, não há dúvida de que se refere ao seu princípio-água, fonte, sustento e foz de todas as coisas.

E não há, portanto, que duvidar do sentido da proposição sobre a qual refletimos: tudo é cheio de deuses, *porque tudo é penetrado pelo princípio-água.*

A dimensão teológica (dimensão teológica que chamamos de caráter naturalista) é, pois, bem clara em Tales.

Enfim, resulta clara também a terceira proposição.

Diz Aristóteles:

> Parece que também Tales considerou a alma como princípio motor, se disse, segundo o que se afirma dele, que o ímã tem uma alma, porque move o ferro[14].

---

11. Aristóteles, *Da alma*, A 5, 411 a 7s. (= Diels-Kranz, 11 A 22).
12. Cf. Platão, *Leis*, X, 899 b; Aécio, I, 7, 11 (= Diels-Kranz, 11 A 23); Diógenes Laércio, I, 27 (= Diels-Kranz, 11 A 1).
13. Diógenes Laércio, I, 35 (= Diels-Kranz, 11 A 1).
14. Aristóteles, *Da alma*, A 2, 405 a 19ss. (= Diels-Kranz, 11 A 22).

Ora, se o princípio-água não só é a origem de todas as coisas, mas aquilo *de que* e *em que* subsistem, é claro que todas as coisas devem participar do ser e da vida desse princípio, e, por isso, todas devem ser vivas e animadas: e o exemplo do ímã devia ser uma prova que Tales aduzia em favor dessa tese geral.

Enfim, aquilo que nos é dito por fontes tardias[15], que Tales pensava serem as almas imortais, se efetivamente foi dito pelo nosso filósofo (e na nossa opinião pode sem dúvida tê-lo sido), só se entende em conexão com o pensamento geral do filósofo: não se pode tratar senão das almas consideradas como princípio ou momento daquele princípio presente em todas as coisas (água) e pelo qual as coisas subsistem. Passam as coisas singulares, mas resta imortal o princípio: uma imortalidade, portanto, que nada tem a ver com a *imortalidade pessoal* que os posteriores filósofos da natureza extrairão dos órficos, mas que veremos contrastar com o fundamento da sua doutrina.

15. Diógenes Laércio, I, 24 (= Diels-Kranz, 11 A 1).

II. ANAXIMANDRO

1. O infinito como princípio e as suas características

Foi Anaximandro[1] (como agora parece filologicamente estabelecido ou, quando menos, muito provável) quem introduziu o termo *arché* para designar o *primum*, a realidade primeira e última das coisas, vale dizer, a *physis* da qual já falamos a propósito de Tales. (Recordemos que o título da obra de Anaximandro é *Perì physeos* = *Sobre a Natureza*).

Mas, contrariamente a Tales, ele sustenta que tal princípio não era a água, mas o *ápeiron*, vale dizer o *infinito* ou *ilimitado*. Referem-nos as nossas fontes antigas:

> Anaximandro de Mileto [...] afirmava que princípio e elemento das coisas é o *ápeiron*, introduzindo por primeiro o termo "princípio"; e dizia que este não era nem água nem outro daqueles que se chamam elementos, mas outra natureza (*physis*) infinita da qual provêm todos os céus e os universos neles contidos[2].

E toda a antiga doxografia, sobre este ponto, não deixa dúvida.

Mas que é o *ápeiron*?

Digamos logo que *apeiron* é só imperfeitamente traduzido por infinito e i-limitado, porque contém algo mais que os dois termos portugueses não translatam. *Á-peiron* significa o que é privado de *peras*,

---

1. Anaximandro foi muito provavelmente discípulo de Tales (cf. Diels-Kranz, 12 A 2, A 9, A 11, A 12). Segundo o testemunho de Apolodoro em Diógenes Laércio, II, 2 (= Diels-Kranz, 12 A 1), o filósofo teria 64 anos no segundo ano da 58ª Olimpíada (= 547-546 a.C.) e teria morrido logo depois: portanto teria nascido em 611 a.C. Compôs um tratado que, segundo antigos testemunhos, levava o título *Sobre a Natureza* (do qual nos chegou um fragmento), e que constituía o primeiro escrito filosófico dos gregos e do Ocidente. Também Anaximandro exerceu, ainda mais que Tales, a atividade política. Eliano (*Var. hist.*, III, 17 = Diels-Kranz, 12 A 3) nos refere: "Anaximandro comandou a colônia migrada de Mileto a Apolônia"; e nas escavações arqueológicas de Mileto foi descoberta uma estátua que os concidadãos lhe dedicaram, certamente pelas suas benemerências políticas.

2. Simplício, *In Arist. Phys.*, 24, 13 (= Teofrasto, *As opiniões dos físicos*, fr. 2 = Diels-Kranz, 12 A 9).

isto é, de limites e determinações não só *externas*, mas também *internas*. No primeiro sentido, *ápeiron* indica o infinito espacial, infinito em grandeza, isto é, *o infinito quantitativo*; no segundo, ao invés, o indefinido quanto à qualidade, portanto, o *indeterminado qualitativo*. O infinito anaximandriano devia ter, pelo menos implicitamente, essas duas valências: de fato, enquanto gera e abraça infinitos universos, deve ser *espacialmente infinito*, e, enquanto não é determinável como a água, o ar, etc., é *qualitativamente indeterminado*.

Nesse pensamento existe indiscutivelmente uma originalidade e uma profundidade que no grego — como veremos — permanecerão um tanto excepcionais: princípio, realidade última das coisas, só pode ser o infinito, justamente porque, enquanto tal, ele *não* tem princípio nem fim, é ingênito e imperecível e, *por isso mesmo*, pode ser princípio das outras coisas. Diz Aristóteles, referindo-se a Anaximandro:

> Todas as coisas são ou princípio ou do princípio: e do infinito não há princípio, porque teria um limite. Ademais, como princípio, é ingênito e imperecível: pois o que é gerado deve ter um fim, e o fim é próprio de toda dissolução. Por isso, dizemos, dele não pode haver princípio, mas ele parece ser o princípio das outras coisas, e parece envolvê-las todas e regê-las, como dizem todos aqueles que não põem outras causas além do infinito [...]. E [o infinito] aparece como o divino, porque é imortal e indestrutível, como dizem Anaximandro e grande parte dos fisiólogos[3].

A passagem que lemos, além das razões pelas quais Anaximandro pôs o infinito como princípio, dá ulteriores indicações preciosas: o infinito *envolve* ou *circunda*, e *rege* ou *governa* todas as coisas. Ora, sobre o significado desses termos (que são quase certamente genuínos) não pode haver dúvida: o *envolver* (περιέχειν), o *reger* (κυβερνᾶν) indicam e especificam exatamente a função do princípio, que é a de compreender e reger todas as coisas, porque todas se geram do princípio, consistem e são no e pelo princípio.

Enfim, a passagem aristotélica sublinha o valor caracteristicamente *teológico* do princípio. Anaximandro considerou o seu princípio como divino, porque imortal e incorruptível (as palavras exatas de Anaximandro devem ter sido "eterno e sempre jovem").

E isso (vimos acima) Tales já deve ter dito, e posteriormente o reafirmou, diz-nos ainda Aristóteles, "a maior parte dos filósofos da

---

3. Aristóteles, *Física*, Γ 4, 203 b 6ss. (= Diels-Kranz, 12 A 15).

natureza". E é claro que a água de Tales e o infinito de Anaximandro devem ter sido considerados como Deus, ou, mais exatamente, como "o divino" (τὸ θεῖον, neutro): de fato, assumem em si, como princípio, como *arché* ou *physis* de tudo, as características que Homero e a tradição consideravam exatamente prerrogativas essenciais dos deuses: a imortalidade, o domínio e governo de tudo. E diz bem Jaeger que Anaximandro (e já implicitamente Tales) vai mais além, afirmando que a imortalidade do princípio deve ser tal que não admita não só um *fim*, mas nem sequer *início*. E, se é assim, então fica abalada a própria base sobre a qual foram construídas as teogonias e as genealogias dos vários deuses: assim como o divino não morre, também não nasce; ele é infinito e eterno. "Seria um erro — conclui então Jaeger — negar importância religiosa a essa sublime concepção do divino partindo de opiniões e teorias pré-concebidas sobre a natureza da verdadeira religião, afirmando, por exemplo, que não se pode pregar o deus de Anaximandro ou que a especulação física não é religião. Ninguém contestará que para nós não se pode dar nenhuma forma superior de religião sem a ideia do infinito e da eternidade que Anaximandro une ao seu novo conceito do divino[4]."

A afirmação é exata, mas só à medida que corrige a antiga concepção dos pré-socráticos como materialistas e ateus ou ateizantes em sentido moderno; todavia, ela deve ser corrigida num ponto central. O que caracteriza a concepção do Divino em Anaximandro e nos pré-socráticos é e permanece sempre o *naturalismo*, no sentido de que, em lugar de ver no Divino *o outro* do mundo, eles veem nele a própria essência do mundo, a *physis* de todas as coisas, e não lhe atribuem nenhuma daquelas características que, com categorias posteriores, chamaremos espirituais; não lhe atribuem nem sequer o que há de mais elevado no homem, vale dizer, *o pensar*. E a melhor prova do que estamos dizendo é que Anaximandro, como nos é especificamente transmitido, "disse que os céus infinitos eram deuses"[5], isto é, não hesitou em chamar com o nome de "deuses" os infinitos mundos, que, como logo veremos, *nascem* do princípio infinito e têm longuíssima duração, mas estão sujeitos à morte. E chamou-os deu-

4. Jaeger, *La teologia dei primi pensatori greci*, p. 47.

5. Aécio, I, 7, 12 (= Diels-Kranz, 12 A 17).

ses certamente enquanto manifestação infinita do princípio infinito. Assim, também para ele, como para Tales e no mesmo sentido de Tales, pode-se dizer que *tudo está cheio de deuses, tudo é divino.*

2. Gênese de todas as coisas do infinito

Como nascem as coisas do infinito, através de que processo e por que causa?

As nossas fontes nos dizem concordemente que isso aconteceria por uma separação ou um destacamento de contrários (quente-frio, seco-úmido etc.) do princípio uno, por causa de um movimento eterno[6].

Esta "separação", ou esse "destacamento", em si permaneceria um tanto obscuro, se não nos tivesse chegado a respeito disso um fragmento autêntico do nosso filósofo, que soa assim:

> De onde as coisas tiram o seu nascimento, aí se cumpre a sua dissolução segundo a necessidade; de fato, reciprocamente pagam a pena e a culpa da injustiça, segundo a ordem do tempo[7].

O fragmento (que foi interpretado de diversos modos e deformado pelos estudiosos) liga, longe de qualquer possível contestação, o *nascimento* e a *dissolução* com uma *culpa* e uma *injustiça* e com a necessidade de uma *expiação dessa culpa.*

Provavelmente Anaximandro se referia, nesta passagem, aos contrários, que tendem exatamente a *impor-se um ao outro*. A injustiça é a injustiça própria dessa imposição, e o tempo é visto como o juiz, enquanto assinala um limite a um e a outro dos contrários, pondo termo ao predomínio de um em favor do outro e vice-versa. Mas é claro que não só a predominância alternada dos contrários é "injustiça", mas é injustiça o próprio fato de ter saído dos contrários, para cada um dos quais o surgimento é imediatamente uma contraposição ao outro. E, dado que o mundo nasce pela cisão dos contrá-

---

6. Cf. Simplício, *In Arist. Phys.*, 150, 22ss. (= Diels-Kranz, 12 A 9); Aristóteles, *Física*, A 4, 187 a 20ss. (= Diels-Kranz, 12 A 9); Ps. Plutarco, *Strom.*, 2 (= Diels-Kranz, 12 A 10).

7. O fragmento é reportado por Simplício, *In Arist. Phys.*, 24, 13ss. (= Diels-Kranz, 12 B 1).

rios, nisso se vê a primeira injustiça, que será expiada com a própria morte do mundo, segundo determinados ciclos do tempo. Por isso, como alguém notou justamente, há uma dupla injustiça e, portanto, uma dupla necessidade de expiação: de uma parte o fato de o mundo ter nascido da cisão em opostos da unidade do princípio, "de outra a tentativa, que depois da cisão realiza cada um dos opostos, de usurpar, com ódio ao outro, a condição de único supérstite e dominador, que seria ao mesmo tempo uma usurpação do lugar e dos direitos *do divino imortal e indestrutível*"[8].

Parece inegável nesse pensamento (e isso foi notado de diversos modos por vários pensadores) uma profunda infiltração de concepções religiosas, provavelmente órficas, assim como parece inegável certo pessimismo de fundo, que vê ligadas ao nascimento uma "imposição" e uma "culpa", bem como na morte uma "expiação", embora temperado pelo pensamento dominante de uma "justiça equilibradora".

3. Os infinitos cosmos e a gênese do nosso mundo

Como o princípio é infinito, também infinitos são os mundos que se geram do princípio. E os mundos são infinitos não só na sucessão temporal, no sentido de que o mundo morrerá e depois renascerá infinitas vezes, mas também na coexistência espacial, vale dizer, no sentido de que existem juntos infinitos cosmos, todos eles tendo uma origem e um fim que se perpetuam ao infinito.

É difícil reconstruir com exatidão como o nosso cosmo derivou especificamente do infinito. Os testemunhos que nos chegaram falam de um *movimento eterno* que produz a separação dos contrários, e falam de quente e frio como primeiro par de contrários, mas não especificam como, progressivamente, se constituíram em seguida todas as coisas.

O quente formou como uma esfera de fogo periférico, que em seguida se fragmentou em três esferas, originando assim o sol, a lua e os astros. O frio, ao invés, devia ter originalmente forma líquida; por causa do fogo ele se transformou em ar, que, talvez por expansão provocada pelo aquecimento, fez romper, como dissemos, a es-

8. Mondolfo, in Zeller-Mondolfo, I, 2, p. 204.

fera de fogo em três esferas, circundou-a e como que a enfaixou, e depois a lançou seca num movimento circular. No ar restaram, porém, como que aberturas de forma tubular, que são como buracos, dos quais sai o fogo: os corpos celestes que vemos são exatamente a luz que passa por esses buracos (assim como os eclipses ocorrem pelo momentâneo fechamento desses buracos)[9].

Por sua vez, do elemento líquido formaram-se a terra e o mar.

Eis como Alexandre nos relata a doutrina de Anaximandro:

> Alguns físicos sustentam [...] que o mar é um resíduo da umidade originária. O espaço em torno à terra, de fato, teria sido úmido, e em seguida uma parte dessa umidade ter-se-ia evaporado pelo sol e daí teriam derivado os ventos e as rotações do sol e da lua [...]. O que teria restado de tal umidade nas zonas côncavas da terra teria constituído o mar, que, exatamente, está em diminuição porque evapora constantemente pelo sol, até que fique tudo seco [...][10].

A terra está no centro e é de forma cilíndrica e se sustenta por uma espécie de equilíbrio de forças:

> fica suspensa sem ser sustentada por nada, mas fica fixa por causa da igual distância de todas as partes[11].

E como o elemento líquido era o originário, assim do elemento líquido, sob a ação do sol, nasceram os primeiros seres vivos.

Eis um testemunho:

> Segundo Anaximandro, os primeiros animais nasceram no elemento líquido, cobertos por uma capa espinhosa; tendo crescido em idade, deixaram a água e vieram para o seco, e tendo-se rompido a capa que os cobria, pouco depois mudaram o seu modo de viver[12].

Assim, de animais mais simples nasceram animais mais complexos, que foram progressivamente transformando-se e adaptando-se ao ambiente.

Talvez um leitor superficial sorria diante dessas concepções, que lhe parecerão pueris; ao invés, elas são poderosamente antecipadoras

---

9. Cf. Diels-Kranz, 12 A 10, A 11, A 21, A 22.

10. Alexandre, *Meteorol.*, 67, 3 (= Diels-Kranz, 12 A 27).

11. Hipólito, *Ref.*, I, 6, 3 (= Diels-Kranz, 12 A 11); cf. também Aristóteles, *Do céu*, B, 13, 295 b 10ss. (= Diels-Kranz, 12 A 26).

12. Aécio, V, 19, 4 (= Diels-Kranz, 12 A 30); cf. também os outros testemunhos em A 30.

e quase vaticinadoras de verdades científicas de extraordinária modernidade, e foi por isso que quisemos relatá-las. Queremos sublinhar duas: em primeiro lugar, a audácia da representação da terra, que não tem necessidade de uma sustentação material (ainda para Tales a terra flutuava sobre a água) e se sustenta por *equilíbrio de forças*[13], e, em segundo lugar, a modernidade da ideia de que a origem da vida ocorreu com animais aquáticos e o vislumbre consequente da ideia da evolução das espécies mediante adaptação ao ambiente[14]. E isso já é por si suficiente para mostrar quanto o *lógos*, com Anaximandro, se distanciou do mito.

---

13. Mondolfo, *Il pensiero antico*, Florença 1950², p. 39.
14. Mondolfo, *Il pensiero antico*, p. 40.

III. ANAXÍMENES

1. O princípio como ar

Anaxímenes[1], discípulo de Anaximandro, corrige a teoria do mestre neste sentido: o princípio primeiro é, sim, infinito em grandeza e quantidade, mas não é indeterminado: ele é ar, ar infinito. Todas as coisas que são derivam, portanto, do ar e das suas diferenciações. Relata-nos Teofrasto:

> [O ar] se diferencia nas várias substâncias segundo o grau de rarefação e condensação: e assim dilatando-se dá origem ao fogo, enquanto condensando-se dá origem ao vento e depois às nuvens; e em grau maior de densidade forma a água, depois a terra e em seguida as pedras; as outras coisas derivam depois destas[2].

Por que Anaxímenes modificou o princípio do mestre?

Vimos que, em certo sentido, Anaximandro dá um salto do seu infinito à geração das coisas: de fato, não se compreende bem de que modo os contrários, separando-se, gerem as várias coisas; por isso Anaxímenes, sem dúvida, pensou que devia buscar outra solução. E a essa outra solução ele deve ter sido guiado pelas considerações que seguem.

Um testemunho antigo relata-nos que Anaxímenes pôs o ar como *arché*, porque *o ar, melhor que qualquer outra coisa, se presta a variações*, e, por consequência, melhor que qualquer outra coisa presta-se a ser pensado como princípio de geração de tudo[3].

---

1. Anaxímenes deve ter nascido em Mileto, e foi discípulo e sucessor de Anaximandro. Das indicações das fontes antigas não se pode estabelecer uma cronologia segura, mas pode-se conjeturar que tenha nascido nos primeiros decênios do século VI e morrido nos últimos decênios do mesmo século. Ele também escreveu um livro *Sobre a Natureza*, que, segundo Diógenes Laércio, II, 3 (= Diels-Kranz, 13 A 1), era composto "em língua jônica, de modo simples e sem floreios", do qual nos chegaram três fragmentos.

2. Teofrasto, *As opiniões dos físicos*, fr. 2, reportado por Simplício, *In Arist. Phys.*, 24, 26 (= Diels-Kranz, 13 A 5); ver também Hipólito, *Ref.*, I, 7 (= Diels-Kranz, 13 A 7).

3. Simplício, *De caelo*, 615, 18ss. Heilberg.

No fragmento 2 lemos:

> Assim como a nossa alma, que é ar, nos sustenta e nos governa, assim o sopro e o ar abraçam todo o cosmo[4].

E dessas palavras se poderia argumentar que Anaxímenes inferiu o seu princípio baseando-se na consideração do ser vivo, o qual vive exatamente enquanto tem respiração, isto é, inspira e expira ar, e morre quando exala o último respiro. Como o ar é essencial para a vida do homem e dos seres vivos, assim o deve ser igualmente para todas as coisas e para todo o cosmo (que Anaxímenes concebia como ser vivo).

Enfim, alguns estudiosos notaram que também a observação de que do céu (isto é, do ar) cai a chuva (isto é, a água) e caem os raios (isto é, o fogo), e para o céu sobem os vapores e as exalações, pode ter movido Anaxímenes a escolher o ar como princípio: tanto mais que o ar não apresenta aos olhos os seus confins e, portanto, presta-se bem a ser entendido como infinito[5].

Característica específica do ar é esta:

> Quando ele é absolutamente uniforme, é *invisível*; torna-se visível com o frio, com o quente, com a umidade e com o movimento[6].

E com isso concorda perfeitamente o que diz um fragmento, erradamente considerado inautêntico:

> O ar é próximo ao *incorpóreo*: e dado que nascemos pelo seu fluxo, é necessário que ele seja infinito e rico, para não faltar nunca[7].

Neste fragmento, o "próximo ao incorpóreo" exprime exatamente o ser "invisível", vale dizer, imperceptível, assim como exprime a ausência de limites, isto é, o ser infinito do ar, à diferença de tudo o que dele deriva, que é visível, definido e limitado.

Podemos crer, como nos é referido pelos antigos[8], que Anaxímenes tenha chamado o ar de "deus"; e crer também que tenha chama-

---

4. Reportado por Aécio, I, 3, 4 (= Diels-Kranz, 13 B 2).

5. Cf. Zeller-Mondolfo, I, 2, pp. 213ss.

6. Hipólito, *Ref.*, I, 7, 2 (= Diels-Kranz, 13 A 7).

7. O fragmento é reportado por Olimpiodoro, *De arte sacra*, c. 25; em Diels-Kranz (13 B 3) é considerado uma falsificação, mas sem suficientes motivos (cf. o que diz Zeller-Mondolfo, I, 2, pp. 228ss.).

8. Cf. Cícero, *De nat. deorum*, I, 10, 26 (= Diels-Kranz, 13 A 10).

do deuses as coisas que derivam do ar[9]: e já sabemos agora qual é o significado preciso de tal linguagem, comum aos três milesianos.

2. Derivação das coisas do ar

O ar é concebido por Anaxímenes como naturalmente dotado de movimento; e, pela sua própria natureza mobilíssima, bem se presta (muito melhor que o infinito anaximandriano) a ser concebido como em perene movimento.

Mas Anaxímenes, como já notamos, determina também qual seja o *processo que do ar faz derivar as coisas*: trata-se da *condensação* e da *rarefação*, como todas as nossas fontes dizem. A rarefação do ar dá origem ao fogo, a condensação dá origem à água e depois à terra.

Relata-nos Plutarco:

> Anaxímenes diz que o frio é a matéria que se contrai e se condensa, enquanto o quente é a matéria dilatada e *atenuada* (exatamente esta é a expressão que ele usa). Portanto, não sem razão, segundo Anaxímenes, diz-se que o homem deixa sair da boca o quente e o frio: a respiração, de fato, se esfria se é comprimida pelos lábios cerrados, mas se ao invés sai da boca aberta torna-se quente pela dilatação[10].

Como se vê, esta devia ser uma das argumentações extraídas da experiência, que Anaxímenes aduzia como prova da sua tese.

3. Relação de Anaxímenes com os seus predecessores

Em geral, Anaxímenes é julgado pelos historiadores da filosofia inferior a Anaximandro, mas erradamente. É verdade, ao contrário, que Anaxímenes, como um estudioso viu acertadamente, assinala um progresso sobre os predecessores, buscando explicar racionalmente a diferença *qualitativa* das coisas como derivada de uma diferença *quantitativa* do princípio originário (condensação e rarefação são, justamente, diferenciações quantitativas). Burnet notou que Anaxí-

---

9. Agostinho, *A cidade de Deus*, VIII, 2 (= Diels-Kranz, 13 A 10).

10. Plutarco, *De prim. frig.*, 7, 947 F (= Diels-Kranz, 13 B 1).

menes influenciou os antigos muito mais que os seus predecessores; de fato, quando os antigos falam da filosofia jônica, referem-se a Anaxímenes como a um paradigma, vendo nele a expressão mais acabada e mais correta do pensamento da Escola[11]. E, com efeito, não se pode desconhecer que Anaxímenes, exatamente pela introdução do processo de condensação e rarefação, fornece a causa dinâmica que faz derivar do princípio todas as coisas, da qual Tales não tinha ainda falado, e Anaximandro só soube determinar inspirando-se em concepções órficas; ele fornece, portanto, uma causa que está *em perfeita harmonia com o princípio*, tornando assim o naturalismo jônico plenamente coerente com as próprias premissas. E quando a filosofia jônica renascer, ou tentar renascer, com Diógenes de Apolônia[12], tomará como ponto de partida justamente Anaxímenes.

---

11. Cf. Burnet, *Early Gr. Philos.*, § XXXI.
12. Cf. mais adiante, pp. 164-172.

IV. HERÁCLITO DE ÉFESO

1. O fluxo perpétuo de todas as coisas

Heráclito[1] leva o discurso filosófico dos três milesianos a posições decididamente mais avançadas e em grande parte novas.

Os milesianos interessaram-se prioritariamente pelo problema do princípio das coisas e pela gênese do cosmo a partir do princípio; isto fazendo, notaram o *dinamismo universal* da realidade, o dinamismo das coisas que nascem e perecem, o dinamismo de todo o cosmo e dos cosmos que nascem e perecem, o dinamismo do próprio princípio que dá origem às várias coisas porque dotado de perene

---

1. Heráclito nasceu em Éfeso e viveu na transição do século VI para o século V. Diógenes Laércio, IX, 1 (= Diels-Kranz, 22 A 1), sem dúvida seguindo o cronógrafo Apolodoro, situa o apogeu da vida de Heráclito na 69ª Olimpíada, isto é, em 504-501 a.C.; todas as tentativas dos modernos críticos de determinar mais exatamente a data de nascimento e de morte são aleatórias. Diógenes Laércio (loc. cit.) ainda nos informa que Heráclito era "de caráter altivo e soberbo como nenhum outro". Não quis participar da vida pública: "Solicitado pelos concidadãos [é sempre Diógenes Laércio quem escreve] a dar leis à cidade, recusou porque esta já estava degenerada por uma má constituição". Viveu uma vida solitária, mal suportando a companhia dos homens. Não teve mestres diretos e se gloriou de ter descoberto por si a sua sapiência. A obra que ele escreveu — intitulada, como a dos outros filósofos até agora examinados, *Sobre a natureza* — era composta em estilo original, audaz e obscuro. Ainda Diógenes Laércio (IX, 6): "Heráclito depositou o livro no templo de Artemis, e alguns afirmam que o escreveu intencionalmente em forma obscura para que o compreendessem só os que podiam e para que o tom fácil não o expusesse ao desprezo do vulgo" (trad. de A. Pasquinelli). Por isso foi chamado "o obscuro". Não é improvável que o escrito, em vez de uma estrutura bem determinada, tivesse um caráter aforístico, isto é, que fosse uma coletânea de reflexões, cuja ligação era mais de conceito que de forma: os numerosos fragmentos que possuímos, tal como nos chegaram, deixam larga margem para esta conjetura. Diógenes Laércio diz-nos que "Teofrasto atribuía ao seu [de Heráclito] temperamento melancólico o fato de os seus escritos, em parte, permanecerem incompletos e, em parte, não seguirem uma linha coerente"; portanto, se não era escrito sob a forma de aforismos, o livro heraclitiano aparecia, aos leitores, com uma estrutura nitidamente irregular. A grande quantidade de fragmentos que reportaremos será, em todo caso, suficiente para dar uma ideia do inimitável estilo deste filósofo singular.

movimento: todavia, eles não explicitaram e não tematizaram este aspecto preciso de toda a realidade nem, por consequência, puderam refletir sobre as múltiplas implicações desse mesmo aspecto.

Foi exatamente isso que fez Heráclito.

Em primeiro lugar, chamou a atenção para a perene mobilidade de todas as coisas que são: nada permanece imóvel e nada permanece em estado de fixidez e estabilidade, mas tudo se move, tudo muda, tudo se transforma, sem cessar e sem exceção.

Heráclito, para exprimir esta verdade, valeu-se da imagem do fluir de um rio, em fragmentos que se tornaram célebres:

> De quem desce ao mesmo rio vêm ao encontro águas sempre novas[2].

> Não se pode descer duas vezes ao mesmo rio e não se pode tocar duas vezes uma substância mortal no mesmo estado, mas por causa da impetuosidade e da velocidade da mudança, dispersa-se e recolhe-se, vem e vai[3].

> Descemos e não descemos ao mesmo rio, nós mesmos somos e não somos[4].

O sentido é claro: o rio é *aparentemente* sempre o mesmo, mas *na realidade* é feito de águas sempre novas, que se acrescentam e se dispersam; por isso à mesma água do rio não se pode descer duas vezes, justamente porque, quando se desce a segunda vez, já é outra a água que se encontra; e porque nós mesmos mudamos, no momento em que completamos a imersão no rio, tornamo-nos diferentes do momento em que nos movemos para mergulhar, como sempre diferentes são as águas que nos banham: assim Heráclito pode dizer, do seu ponto de vista, que entramos e não entramos no rio. E pode também dizer que somos e não somos, porque, para ser o que somos em dado momento, devemos *não* ser mais aquilo que éramos no precedente momento, assim como, para continuar a ser, deveremos logo não ser mais aquilo que somos neste momento. E isso vale, segundo Heráclito, para todas as coisas, sem exceção.

Portanto, nada permanece e tudo devém; ou, se se quer, só o devir das coisas é permanente, no sentido de que, para Heráclito, as coisas não têm realidade senão, justamente, no perene devir.

---

2. Diels-Kranz, 22 B 12.
3. Diels-Kranz, 22 B 91.
4. Diels-Kranz, 22 B 49a.

É este, sem dúvida, o aspecto da doutrina de Heráclito que se tornou mais célebre, logo fixado na fórmula "tudo flui" (πάντα ῥεῖ). E é também o aspecto que os seguidores destacaram, levando-o a consequências extremas. (Crátilo, por exemplo, tirou como consequência que, se tudo flui assim velozmente, é impossível qualquer conhecimento das coisas, e "acabou se convencendo — diz-nos Aristóteles — de que não se devia nem sequer falar, e limitava-se a mover simplesmente o dedo, reprovando até mesmo a Heráclito por ter dito que não é possível banhar-se *duas vezes* no mesmo rio: Crátilo, de fato, pensava que nem mesmo uma vez o seria possível"[5]).

Todavia, a filosofia de Heráclito está bem longe de se reduzir à mera proclamação do fluxo universal das coisas: com efeito, para ele esta é a constatação de partida para uma inferência muito mais aguda e profunda, que agora devemos tentar individuar e precisar.

2. Os opostos nos quais o devir se desdobra e a sua oculta harmonia (a síntese dos opostos)

O devir de que falamos é caracterizado por um contínuo fluir das coisas de um contrário ao outro: "As coisas frias se aquecem, as coisas quentes se esfriam, as coisas úmidas secam, as coisas secas umedecem"[6]; o jovem envelhece, o vivo morre, e assim por diante.

O devir é, pois, um contínuo conflito dos contrários que se alternam, é uma perene luta de um contra o outro, é uma guerra perpétua. Mas, dado que as coisas só têm realidade, como veremos, no perene devir, então, por consequência necessária, a guerra se revela como o fundamento da realidade das coisas:

> A guerra é mãe de todas as coisas e de todas rainha[7].

Mas — note-se — essa guerra é ao mesmo tempo paz, esse contraste é também harmonia; de modo que o fluir perene das coisas e o universal devir revelam-se como *harmonia ou síntese de contrá-*

5. Aristóteles, *Metafísica*, Γ 5, 1010 a 10ss.
6. Diels-Kranz, 22 B 126.
7. Diels-Kranz, 22 B 53.

rios, vale dizer, como perene pacificar-se dos beligerantes, e conciliar-se dos contendores. Diz o fragmento 8:

O que é oposição se concilia e, das coisas diferentes, nasce a harmonia mais bela, e tudo se gera por via de contraste.

E no fragmento 51:

Estes [os ignorantes] não compreendem que o que é diferente concorda com ele mesmo: harmonia de contrários, como a harmonia do arco e da lira.

E é por esta superior harmonia que os contrários, embora só podendo existir em oposição recíproca, dão um ao outro o seu sentido:

A doença torna doce a saúde, a fome torna doce a saciedade e a fadiga torna doce o repouso[8];

Não conheceriam nem sequer o nome da justiça se não existisse a ofensa[9].

É por essa e nessa harmonia que, no limite, os opostos coincidem:

O caminho para cima e o caminho para baixo são um único e mesmo caminho[10].

Comum no círculo é o princípio e o fim[11].

A mesma coisa é o vivo e o morto, o desperto e o dormente, o jovem e o velho, porque estas coisas, transformando-se, são aquelas e aquelas, por sua vez, transformando-se, são estas[12].

E é claro, enfim, que a multiplicidade das coisas se recolha numa unidade dinâmica superior:

[...] de todas as coisas o um e do um todas as coisas[13].

Não a mim, mas ao *lógos* ouvindo, é sábio admitir que todas as coisas são uma unidade[14].

---

8. Diels-Kranz, 22 B 111.
9. Diels-Kranz, 22 B 23.
10. Diels-Kranz, 22 B 60.
11. Diels-Kranz, 22 B 103.
12. Diels-Kranz, 22 B 88.
13. Diels-Kranz, 22 B 10.
14. Diels-Kranz, 22 B 50.

Por isso, em conclusão, se as coisas só têm realidade enquanto devêm, e se o devir é dado pelos opostos que se contrastam e, contrastando-se, pacificam-se em superior harmonia, então é claro que *na síntese dos opostos está o princípio que explica toda a realidade*, e é evidente, por consequência, *que exatamente nisso consiste Deus ou o Divino*. Diz, com efeito, expressamente, Heráclito no fragmento 67:

> O Deus é dia-noite, é inverno-verão, é guerra-paz, saciedade-fome.

E isso significa, justamente, que Deus é a *harmonia dos contrários*, a *unidade dos opostos*.

3. O fogo como princípio de todas as coisas

O leitor terá, certamente, notado a poderosa novidade do pensamento heraclitiano e terá provavelmente se dado conta de que ele, em certo sentido, antecipa, e de modo impressionante, a ideia de fundo da dialética hegeliana. O próprio Hegel o reconheceu, escrevendo expressamente: "Não há proposição de Heráclito que eu não tenha acolhido na minha lógica"[15].

Todavia, se isso é verdade, é também verdade que a de Heráclito não é absolutamente uma lógica e, de modo algum, uma dialética no sentido moderno; de fato, o filósofo de Éfeso não abandona ainda o plano da pesquisa da *physis*, e, a despeito da pretensão de alguns críticos, permanece incontestável a observação de Burnet: "A identidade na diversidade que ele proclamava *era puramente física*; a lógica não existia ainda [...]. A identidade que ele representa como consistindo na diversidade é, simplesmente, a da substância primordial em todas as suas manifestações"[16].

E, com efeito, toda a doxografia antiga, referindo o pensamento de Heráclito, indica como ideia essencial do nosso filósofo a de que o *fogo é o elemento fundamental* e a de que todas as coisas não são mais que transformações do fogo. Os fragmentos o confirmam amplamente:

---

15. G. W. F. Hegel, *Vorlesungen uber die Geschichte der Philosophie* (trad. ital., de E. Codignola e G. Sanna, vol. I, La Nuova Italia, Florença 1930, p. 307).

16. Burnet, *Early Gr. Philos.*, § LXVIII.

Todas as coisas se trocam por fogo e o fogo por todas as coisas, como as mercadorias se trocam por ouro e o ouro por mercadorias[17].

Esta ordem, idêntica para todas as coisas, não a fez nenhum dos Deuses, nem dos homens, mas era sempre, é e será fogo eternamente vivo, que em medidas se acende e em medidas se apaga[18];

Mutações do fogo: em primeiro lugar o mar, a metade deste a terra, a metade vento incandescente[19].

E o fato de Heráclito ter atribuído exatamente ao fogo a "natureza" de todas as coisas torna-se claro quando se traz à mente que o *fogo exprime de modo paradigmático as características da perene mutação, do contraste, da harmonia.* O fogo, com efeito, é perenemente móvel, é vida que vive da morte do combustível, é incessante transformação em fumaça e cinzas, é, como diz perfeitamente Heráclito do seu Deus, "fome e saciedade"[20], vale dizer, unidade de contrários, fome das coisas, que faz as coisas serem, e saciedade das coisas, que as destrói e faz perecer.

E, com isso, fica claro também que o Deus ou o Divino heraclitiano (que já tinha sido chamado de noite-dia, fome-saciedade, guerra-paz, isto é, unidade dos contrários) coincide com esse fogo. Lemos no fragmento 64:

O raio governa todas as coisas.

E o raio é, justamente, o fogo divino; e ao fogo-Deus, Heráclito parece também atribuir uma função escatológica de juiz supremo:

Sobrevindo o fogo, julgará e condenará todas as coisas[21].

E lemos no fragmento 32:

O uno, o único sábio, não quer e quer também ser chamado Zeus.

Ora, é evidente o que Heráclito quer dizer com este fragmento, como bem explicou Zeller: "Quer ser chamado assim [com o nome de Zeus], porque na verdade é o que se venera sob aquele nome; mas também não quer ser chamado assim, porque a este nome ligam-

17. Diels-Kranz, 22 B 90.
18. Diels-Kranz, 22 B 30.
19. Diels-Kranz, 22 B 31.
20. Diels-Kranz, 22 B 67.
21. Diels-Kranz, 22 B 66.

se representações antropomórficas que não convêm àquele ser primordial, isto é, porque é uma designação inadequada"[22].

Mas, enquanto nos milesianos não se atribuía inteligência ao primeiro princípio divino, fica suficientemente claro que Heráclito lha atribui. Diz o fragmento 78:

> A natureza humana não possui conhecimentos (γνώμας), a natureza divina sim.

Parece que o fragmento 41, celebérrimo, embora prestando-se a diferentes exegeses e traduções, deve ser assim traduzido:

> Só existe uma sabedoria: reconhecer a inteligência (γνώμην) que governa todas as coisas através de todas as coisas.

Parece também praticamente certo que Heráclito chamou este seu princípio de *lógos*, o que, em todo caso, como muitos sustentam — se não quer dizer propriamente *razão* e *inteligência*, mas, antes, *regra segundo a qual todas as coisas se realizam e lei comum a todas as coisas e que a todas governa* — inclui racionalidade e inteligência[23].

Enfim, é claro que, para Heráclito, a verdade não pode consistir senão em captar, entender e exprimir esse *lógos* comum a todas as coisas. E compreende-se, por consequência, que ele desconfie dos *sentidos*, porque estes se detêm na aparência das coisas; que ele despreze as *opiniões* comuns dos homens, porque a estes foge tudo o que fazem em estado de vigília, assim como não sabem o que fazem quando dormem; enfim é claro que ele despreze o saber dos outros filósofos, porque o considera vã erudição, que acumula múltiplas noções particulares sem captar a lei universal. Consequentemente, compreende-se o tom altaneiro e soberbo e, às vezes, chocante, que Heráclito assume diante de todos os outros, pois ele, tendo compreendido o *lógos*, sente-se como seu profeta, o único profeta. E, por fim, compreende-se também o tipo de linguagem e de expressão por ele adotados na sua obra: a linguagem dos profetas, dos oráculos e das sibilas, vale dizer, a linguagem caracterizada pela mesma cifra do *lógos* que queria revelar.

---

22. Zeller-Mondolfo, I, 4, p. 161, nota 82.

23. Ver, sobre o significado do *lógos* heraclitiano, a nota de Mondolfo, *Il logos eracliteo e le sue interpretazioni*, in Zeller-Mondolfo, I, 4, pp. 152ss; ver também G. Calogero, *Storia della logica antica*, vol. I: *L'età arcaica*, Bari 1967, pp. 65ss.

4. A alma

Heráclito expressou também alguns pensamentos sobre a alma, que vão além dos seus predecessores. Por um lado, ele, como os milesianos, identificou a natureza da alma com a natureza do princípio e disse que é fogo, e também disse ser mais sábia a alma mais seca, e, por consequência, fez coincidir a perda do senso com o umedecimento da alma[24].

Mas, ao lado dessa ordem de pensamentos, ele expressou outra de teor totalmente diferente, que o levou a descobrir na alma algo de propriedades completamente diferentes do corpo. Lemos no belíssimo fragmento 45:

> Os confins da alma não os encontrarias nunca, embora percorrendo os seus caminhos; tão profundo é o seu *lógos*.

Snell notou que essa concepção da "profundidade da alma" comporta a sua diferenciação nítida de qualquer órgão e função física: não tem sentido falar de mão profunda ou de orelha profunda. Ora, diz ainda o mesmo estudioso, "a representação da profundidade surgiu justamente para designar a característica da alma, *que é a de ter uma qualidade particular, não relativa nem ao espaço nem à extensão* [...]. Com isso Heráclito quer significar que a alma estende-se ao infinito, justamente ao contrário do que é físico"[25].

Esta segunda ordem de pensamentos liga-se à dimensão religiosa do pensamento órfico, do qual faz eco também o fragmento 62:

> Imortais mortais, mortais imortais, vivendo a morte daqueles, morrendo a vida daqueles.

Isso exprime com linguagem heraclitiana a crença órfica segundo a qual a vida do corpo é mortificação da alma e a morte do corpo é vida da alma. E, como os órficos, Heráclito admitiu prêmios e castigos depois da morte e, portanto, uma imortalidade pessoal, como expressamente diz no fragmento 27:

---

24. Cf. Diels-Kranz, 22 B 77, B 117, B 118.

25. B. Snell, *Die Entdeckung des Geistes. Studien zur Entstehung des europäischen Denkens bei den Griechen*, Hamburgo 1946; trad, ital. de V. Degli Alberti e A. Solimi Marietti com o título: *La cultura greca e le origini del pensiero europeo*, Einaudi, Turim 1963, p. 41.

Depois da morte aguardam os homens coisas que estes não esperam e nem sequer imaginam.

Porém, é uma ordem de pensamentos que mal concorda com a visão de conjunto, na qual não há espaço para uma alma *pessoal*, nem para um além. E, todavia, é uma ordem de pensamentos que encontraremos outras vezes nos pré-socráticos, inconciliada e inconciliável com a sua doutrina da *physis*, mas que, exatamente por isso, se revelará fecundíssima, no sentido que explicaremos adequadamente a propósito de Platão.

Mas, antes de concluir a seção sobre Heráclito, queremos evocar alguns dos seus pensamentos morais, que devem ter-lhe sido inspirados, mais que pela sua doutrina da realidade, pela sua visão órfica da alma. A felicidade — diz o fragmento 4 — não pode consistir nos prazeres do corpo: se assim fosse, felizes seriam os bois diante do feno. E o belíssimo fragmento 85 precisa ulteriormente:

Difícil é a luta contra o desejo, pois o que este quer, compra-o a *preço da alma*.

É um pensamento no qual quase se adivinha o núcleo da ética ascética do *Fédon*: saciar o corpo significa perder a alma.

TERCEIRA SEÇÃO

O PITAGORISMO

... φασὶ δ' οἱ σοφοί ... καὶ οὐρανὸν καὶ γῆν καὶ θεοὺς καὶ ἀνφρώ πους τὴν κοινωνίαν συνέχειν καὶ φιλίαν καὶ κοσμιότητᾳ καὶ σωφροσύνην καὶ διακαιότητα, καὶ τὸ ὅλον τοῦτο διὰ ταῦτα κόσμον καλοῦσιν'...

"... *Os sábios dizem... que céu, terra, Deuses e homens são mantidos juntos pela ordem, pela sabedoria e pela retidão: e é por esta razão que eles chamam tudo isso de 'cosmo'...*"

Platão, *Górgias*, 507e-508a.

Este belo busto representa Pitágoras e provém da Villa dei Papiri de Herculano. Faz parte do acervo do Museu Arqueológico Nacional de Nápoles.

I. POR QUE FALAMOS DE PITAGÓRICOS EM GERAL E NÃO DE PITAGÓRICOS INDIVIDUAIS — CARACTERÍSTICAS DA ESCOLA PITAGÓRICA

Com os pitagóricos passamos da Jônia à Itália meridional. E, aqui, a filosofia cria uma nova têmpera, aperfeiçoa-se, afina-se, e chega a tocar os limites extremos do horizonte da *physis* aberto pelos jônicos. Esta operação de afinamento — veremos — será conduzida, além dos pitagóricos, pelos eleatas; mas, certamente, os pitagóricos tiveram o mérito de criar por primeiro a nova têmpera, da qual se beneficiaram os próprios eleatas (antigas fontes referem-nos que Parmênides, fundador do eleatismo, foi introduzido à filosofia por um pitagórico)[1].

Mas, em primeiro lugar, devemos explicar por que falamos de pitagóricos em geral e não de pitagóricos individuais.

a) Não nos é possível distinguir Pitágoras dos pitagóricos, isto é, o mestre dos discípulos, porque Pitágoras não escreveu nada e dele pouquíssimo é atestado com precisão, e o muito que as tardias *Vidas de Pitágoras* nos dizem é fruto de fantasia: pouco tempo depois da sua morte (e talvez já nos últimos anos da sua vida) Pitágoras perdera, na representação dos discípulos, as características humanas, e era considerado e venerado como um nume[2].

---

1. Cf. Diógenes Laércio, IX, 21 (= Diels-Kranz, 28 A 1).

2. Afirma-se concordemente que Pitágoras nasceu em Samos. Com base nos testemunhos que possuímos, parece que se deve situar o apogeu da sua vida em torno a 532/531 a.C., e a sua morte nos primeiros anos do século V. Das tardias *Vidas de Pitágoras* não é possível extrair quase nada de historicamente seguro. Parece que de Samos Pitágoras passou à Itália, onde, na cidade de Crotona, fundou uma Escola, que logo alcançou grande sucesso, dado que, como amplamente veremos, a mensagem pitagórica continha uma nova visão da vida de tipo místico e ascético. Parece que a Escola adquiriu bem cedo também um notável poder político, o que deve ter provocado uma violenta revolta da oposição, que, ao que parece, assaltou o edifício no qual a Escola tinha sede e matou à traição quase todos os mais importantes membros do sodalício. Pitágoras teria sido salvo miraculosamente e fugido para Locri; de onde ter-se-ia depois transferido para Tarento e depois para Metaponto, onde a morte o teria colhido. Das numerosas viagens ao Oriente e ao Ocidente que a tradição atribui a Pitágoras, não há nenhuma prova sólida. Os *Três livros* e os *Versos áureos*, atribuídos a Pitágoras, são, quase certamente, falsificações que se situam no final da era

b) A escola que Pitágoras fundou, vindo à Itália, não tinha como principal escopo a pesquisa científica, mas *a realização de determinado tipo de vida*, com relação ao qual a pesquisa científica não era *o fim*, mas, antes, *o meio*, como veremos melhor adiante. A escola pitagórica nasceu como confraria ou, melhor, como seita ou ordem religiosa, organizada segundo regras bem precisas de convivência. (A Ordem teve, depois, influências também políticas e envolveu-se em turbulentos acontecimentos.) E dado que a ciência era meio para alcançar o fim, ela era *um bem comum*, um bem ao qual todos os adeptos aspiravam e que todos buscavam incrementar, pesquisando e indagando juntos. E foi esse caráter de *bem comum* da ciência que comportou, como consequência necessária, o anonimato das contribuições individuais.

c) As doutrinas da escola, ademais, eram consideradas *um segredo* do qual deviam participar só os adeptos, atitude que impediu a divulgação e o conhecimento das mesmas, diferentemente das doutrinas das outras escolas.

d) O primeiro dos pitagóricos a ter obras publicadas foi Filolau[3], que viveu no tempo de Sócrates. Nessa época, a doutrina já tinha certamente evoluído; mas é muito difícil estabelecer o que pertence

---

antiga ou nos primeiros séculos da era cristã: é, ao invés, provável que o filósofo se tenha limitado ao ensinamento oral. A veneração que os discípulos tiveram por Pitágoras levou à criação de tantas e tamanhas lendas sobre ele, que, muito cedo, os contornos históricos da sua figura se dissolveram. (Para os documentos e fontes relativas à vida de Pitágoras e à filosofia pitagórica cf. Zeller-Mondolfo, I, 2 e as atualizações de Mondolfo, *cit.*, pp. 288ss.).

3. Que Filolau fosse contemporâneo de Sócrates se depreende claramente do *Fédon*, 61 e (= Diels-Kranz, 44 A 1a). Diógenes Laércio, IX, 38 (= Diels-Kranz, 44 A 2) o põe em relação com Demócrito. Que tenha sido o primeiro pitagórico a tornar pública a doutrina através de um escrito parece indubitável. Diz-nos Jâmblico (*Vida de Pitágoras*, 199): "É admirável também o rigor do segredo; de fato, no curso de tantos anos, parece que ninguém encontrou um escrito dos pitagóricos antes de Filolau. Este por primeiro, encontrando-se em grande e dura pobreza, divulgou aqueles célebres três livros, que se diz terem sido comprados por cem minas por Díon de Siracusa, a pedido de Platão [...]" (= Diels-Kranz, 14 A 17, tradução de M. Timpanaro Cardini). E também Diógenes Laércio, III, 9 (= Diels-Kranz, 44 A 8) nos refere: "Dizem alguns, entre eles também Sátiro, que [Platão] encarregou a Díon na Sicília de comprar-lhe três livros de doutrinas pitagóricas de Filolau, por cem minas"(tradução de M. Timpanaro Cardini). Que, depois, fossem três livros ou um livro dividido em três partes (Ética, Política e Física), é questão secundária.

ao primeiro pitagorismo e o que pertence ao segundo. Todos os critérios até agora propostos demonstraram-se arbitrários ou, pelo menos, puramente conjeturais[4]. Portanto, exatamente por estas razões, a escola pitagórica deve ser vista como um todo.

e) Se é verdade que, do final do século VI ao princípio do IV, ela pôde enriquecer muito o próprio patrimônio, é igualmente verdade que os pressupostos e os fundamentos sobre os quais ela trabalhou *foram substancialmente homogêneos* e, portanto, não só é correta, mas necessária uma consideração global. (Diferentes serão, ao invés, os fundamentos sobre os quais trabalhará o pitagorismo quando ressurgir no início da era cristã; mas essa nova fase muda também de nome: costuma-se chamá-la, e justamente, de "neopitagorismo". E este seu desenvolvimento ulterior será tratado à parte).

f) Já Aristóteles nada sabe sobre Pitágoras e quase nada sobre os pitagóricos *individuais* e trata-os globalmente, denominando-os com a célebre fórmula "os assim chamados pitagóricos"[5]. Fórmula que, embora tendo sido objeto de diferentes interpretações, é claríssima no seu significado, como muito bem explicou Timpanaro Cardini[6]. Aristóteles destaca particularmente a expressão *os assim chamados* "[...] porque encontra-se diante de um fato singular: dos outros filósofos antes nomeados, cada um representava a si mesmo; tinham certamente discípulos e seguidores, mas sem particulares ligações de escola. Os pitagóricos, ao invés, constituem um fenômeno novo: estudam e trabalham, para usar um termo moderno, em *equipe*; o seu nome é um programa, uma sigla; enfim, é um termo técnico, indicando determinada orientação mental, certa visão da realidade

---

Sobre o problema cf. M. Timpanaro Cardini, *Pitagorici, testimonianze e frammenti*, vol. II, Florença 1962, pp. 84ss. [ver *infra* nota 6].

4. Uma das mais célebres tentativas de distinguir o antigo pitagorismo do mais recente é a de Burnet, *Early Gr. Philos.*, §§ XXXVIIss. e LXXXVIIIss. O leitor poderá constatar pessoalmente, lendo diretamente os parágrafos indicados, quanto de aleatório existe na tentativa de Burnet.

5. Cf. Aristóteles, *Metafísica*, A 5, 985 b 23 (= Diels-Kranz, 58 B 4).

6. M. Timpanaro Cardini traduziu e comentou todos os testemunhos e fragmentos dos pitagóricos para a coleção bilíngue "Biblioteca di Studi Superiori" de La Nuova Italia Editrice (*Pitagorici. Testimonianze e frammenti*, I, Florença 1958; II, Florença 1962; III, Florença 1964), na qual o leitor encontrará excelente instrumento para orientar-se na selva de problemas suscitados pelo pensamento pitagórico.

sobre a qual concordam homens e mulheres de pátria e condições diferentes. Aristóteles capta esta característica, sente que, introduzindo os pitagóricos no discurso, deve em certo sentido prevenir certa admiração de quem ouve ou lê: como! até agora foram apresentadas figuras bem individuadas de filósofos, cada um com as suas visões pessoais; e agora aparece esse grupo, com um nome de grupo, mas indiferenciado quanto aos indivíduos que o compõem? Exatamente assim se chamam, assegura Aristóteles, tal é a denominação oficial que eles têm como Escola, e que, no curso do tempo, representa a unidade e a continuidade da sua doutrina"[7].

Em conclusão, o pitagorismo e as doutrinas que ele elaborou entre o final do século VI e o início do século IV a.C. devem ser vistos na sua unidade de conjunto: quem rompe essa unidade rompe também o espírito que a criou, vale dizer, o espírito que fez do pitagorismo uma escola diferente de todas as demais, e compromete a possibilidade de compreender esse movimento espiritual nas suas mais íntimas motivações.

7. Timpanaro Cardini, *Pitagorici*, III, pp. 12s.

II. NOVA CONCEPÇÃO DO PRINCÍPIO

1. O número, princípio de todas as coisas

Já mencionamos o fato de que, para os pitagóricos, a ciência foi, mais que um fim, um meio que os levava a realizar um novo tipo de vida. Assim, se por razões metodológicas exigidas pela exposição dos problemas que estamos desenvolvendo, falaremos primeiro da ciência e depois da fé dos pitagóricos, isso não deve induzir o leitor ao erro de crer que o primeiro lugar dado à ciência reflita a sua precedência hierárquica com relação à fé, pois a precedência hierárquica é, ao contrário, da fé.

Do ponto de vista da ciência, Aristóteles estabelecera claramente que o *princípio* que os jônicos atribuíram à água, ao *ápeiron*, ao ar e ao fogo, os pitagóricos, com nítida mudança de perspectiva, *atribuíram ao número e aos elementos constitutivos do número.* Eis a célebre passagem aristotélica:

> Os pitagóricos por primeiro aplicaram-se às matemáticas e fizeram-nas progredir, e, nutridos por elas, acreditaram que os princípios delas fossem os princípios de todos os seres. E, posto que nas matemáticas *os números* são, por sua natureza, os primeiros princípios e justamente nos números eles afirmavam ver, mais que no fogo, na terra e na água, muitas semelhanças com as coisas que são e se geram [...]; e ademais, posto que viam que as notas e os acordes musicais consistiam em números, e, enfim, porque todas as outras coisas, em toda a realidade, pareciam-lhes ter sido feitas à imagem dos números e que os números fossem o que é primeiro em toda a realidade, *pensaram que os elementos do número fossem elementos de todas as coisas, e que todo o universo fosse harmonia e número*[1].

A passagem aristotélica nos diz muito claramente as razões que levaram os pitagóricos a ver no número o princípio, mudando radicalmente a perspectiva dos jônicos. Os pitagóricos foram os primeiros cultores sistemáticos das matemáticas, e como tal foram os primeiros a notar que toda uma série de realidades e fenômenos naturais são traduzíveis por relações numéricas e representáveis de modo

1. Aristóteles, *Metafísica*, A 5, 985 b 23 - 986 a 3 (= Diels-Kranz, 58 B 4).

matemático. Em primeiro lugar, os pitagóricos notaram como a música (que cultivavam como meio de purificação) era traduzível por número e por determinações numéricas; a diversidade dos sons que produzem os martelos ao bater sobre a bigorna depende da diferença do seu *peso*; a diversidade dos sons de um instrumento de cordas depende da diferença do *comprimento* das cordas; e, em geral, eles descobriram as relações harmônicas de oitava, de quinta e de quarta e as leis matemáticas que as governam. E ao estudar os diferentes fenômenos do cosmo, também neste âmbito notaram a incidência determinante do número: são precisas leis numéricas que determinam o ano, as estações, os dias etc.; são precisas leis numéricas que regulam os tempos de incubação do feto, os ciclos do desenvolvimento e os diferentes fenômenos da vida. E compreende-se que, uma vez descobertas essas correspondências entre os fenômenos de diferentes gêneros e os números, os pitagóricos fossem em seguida levados a construir também correspondências inexistentes e, neste caminho, caíssem em arbitrários e estéreis jogos de identificação de vários aspectos da realidade com o número, que beiravam o fantástico[2]. Em todo caso, é bem claro o processo através do qual eles chegaram a pôr o número como o *princípio de todas as coisas*.

Mas o leitor moderno muito dificilmente poderia compreender o sentido dessa afirmação dos pitagóricos, se não se desfizesse da própria mentalidade e não tentasse recuperar *o sentido originário e a representação arcaica do número*. Para nós, o número é fruto das operações da nossa mente, é fruto de abstração, e, portanto, é um ente de razão; ao contrário, para o antigo modo de pensar (e tal modo de pensar só será corrigido por Aristóteles), *o número é uma coisa real, antes, a mais real das coisas*, que, como tal, pode ser princípio constitutivo das demais.

Perguntar se o número pitagórico é o princípio *material* ou o princípio *formal* das coisas, como fez por primeiro Aristóteles[3] e, depois, muitos modernos com ele, significa introduzir categorias posteriores (matéria e forma) e, inevitavelmente, falsear a ainda arcaica perspectiva dos pitagóricos. A verdade é que o número é princípio das coisas assim como o foram a água de Tales ou o ar de

---

2. Ver, para a ilustração deste ponto, o nosso comentário à *Metafísica* aristotélica, vol. I, pp. 165ss.

3. Aristóteles, *Metafísica*, A 5, 986 b 4ss.

Anaxímenes, isto é, princípio integral (usando categorias posteriores deveremos dizer que é tanto princípio material, como formal e eficiente). Por isso diz corretamente Zeller: "Este modo de conceber causa-nos uma impressão bastante estranha; mas se refletimos sobre que impessão devia causar a primeira descoberta de uma regularidade matemática profunda e invariável nos fenômenos, sobre um espírito sensível a estas coisas, então poderemos compreender que o número tenha sido venerado como causa de toda ordem e de toda determinação, como fundamento de todo conhecimento, como potência divina dominadora do mundo; e que, portanto, ele tenha sido hipostasiado na função de substância de todas as coisas, por um pensamento que, em geral, era habituado a mover-se não tanto no terreno dos conceitos abstratos, mas no das intuições sensíveis"[4].

2. Os elementos do número: a oposição fundamental e a harmonia

A passagem aristotélica que lemos acima não diz só que os números em geral são o princípio das coisas, mas especifica, mais particularmente, que "os *elementos* dos números são os elementos de todas as coisas". O que significa que os números enquanto tais não são o *primum* absoluto, mas eles mesmos derivam de ulteriores elementos ou princípios.

Que são esses elementos ou princípios?

Os números são todos agrupáveis em duas espécies, *pares* e *ímpares* (sendo que o *um* é exceção, enquanto capaz de gerar tanto o par como o ímpar: acrescentando o um a um número par gera-se o ímpar, enquanto acrescentando-o a um ímpar gera-se o par, o que demonstra que ele traz em si a capacidade geradora tanto de pares como de ímpares e por isso participa de ambas as naturezas). E porque, como sabemos, cada coisa é redutível a um número, cada uma é expressão de números pares ou ímpares. Diz Filolau:

---

4. Zeller-Mondolfo, I, 2, p. 443.

O número tem duas espécies peculiares, o ímpar e o par: terceira, resultante dessas duas misturadas, é o parímpar. Há muitas formas de pares e de ímpares e cada coisa intrinsecamente o revela[5].

Mas o par e o ímpar não são ainda os elementos últimos.

Filolau (exprimindo ou levando a cabo uma concepção que já devia ser própria do primeiro pitagorismo, senão do próprio Pitágoras) fala-nos expressamente do *ilimitado* (ou *indeterminado* ou *infinito*) e do *limite* ou *limitante* (ou *determinante*) como princípios supremos de todas as coisas:

Todas as coisas são necessariamente ou limitantes ou ilimitadas ou, ao mesmo tempo, limitantes e ilimitadas. Não poderiam existir coisas só ilimitadas ou só limitantes. Disso fica claro, portanto, que as coisas que são não podem ser constituídas nem só de elementos limitantes nem só de elementos ilimitados, é evidente que o universo e as coisas que nele existem são constituídas pelo acordo de elementos limitantes e elementos ilimitados[6].

Ora, esse acordo de elementos ilimitados e de elementos limitantes é, justamente, o número, de modo que os elementos últimos dos quais resultam os números são o *ilimitado* e o *limitante*. E posto que, por sua vez, o número constitui cada uma das coisas que são, ele atua como princípio determinante e, portanto, limitante.

Mas, note-se: justamente enquanto o número é gerado por elementos *indeterminados* e por elementos *determinantes*, ou seja, por uma "amarração" do ilimitado ou indeterminado nos confins do limite e da determinação, é claro que ele, mesmo atuando como elemento limitante, "não por isso permanece estranho — observa bem Timpanaro Cardini — ao ἄπειρον (isto é, ao ilimitado), antes, em certo sentido, alimenta-se de ἄπειρον, determinando-o progressivamente dentro dos esquemas das suas relações aritmético-geométricas"[7].

Por isso não é de admirar que os pitagóricos, com base nalgumas observações que abaixo esclareceremos, vissem nos números *pares* uma espécie de florescimento do elemento indeterminado, e nos números *ímpares* uma espécie de florescência do elemento derterminado e determinante, e considerassem *pares* e *ímpares*, no

5. Diels-Kranz, 44 B 5.
6. Diels-Kranz, 44 B 2.
7. Timpanaro Cardini, *Pitagorici*, II, p. 200.

interior do número, exatamente como os correspectivos de indeterminado e determinante.

E essa identificação par = ilimitado e ímpar = limitado explica-se bem quando nos referimos ao modo primitivo de representar o número como conjunto de pontos geometricamente dispostos, que era próprio dos pitagóricos. Ora, se representamos deste modo qualquer número par, vê-se como o processo de divisão, simbolizado pela flecha, não encontra de algum modo um limite, ao infinito:

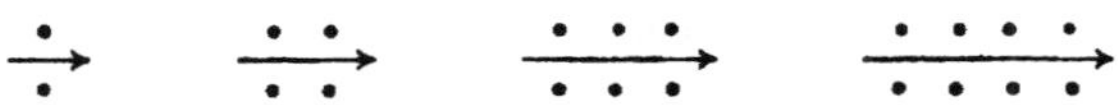 etc.

Ao contrário, em cada número ímpar a divisibilidade encontra o ponto de parada na unidade que, justamente, torna ímpar o número, como mostra a figura.

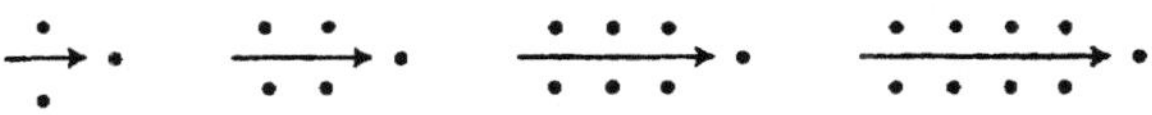 etc.

Diz um antigo testemunho:

> Quando o número ímpar é dividido em duas partes permanece uma unidade no meio; mas quando é dividido em duas partes o par, resta um campo vazio sem determinação e sem número, demonstrando que é defeituoso e incompleto[8].

Concluindo: o ilimitado e o limitante são os princípios primeiros; neles têm origem os números, os quais são a síntese de um e de outro elemento, mas uma síntese tal que vê no seu próprio interior e, precisamente, na série dos pares, a predominância do elemento ilimitado e, na série dos ímpares, a predominância do elemento limitante. Como síntese, todavia, o número representa sempre uma "amarração" do ilimitado no limite e, portanto, como tal, pode ser, por sua vez, elemento delimitante e determinante das coisas.

8. Estobeu, *Anthol.*, I, p. 22, 19 (cf. também Plutarco, *De E apud Delphos*, 388 a-b).

3. Passagem do número às coisas

No que concerne ao problema da derivação das coisas dos números, é preciso dizer que, para os pitagóricos, isso não constituía dificuldade. Constitui, ao invés, uma grande dificuldade para os intérpretes que não saibam remeter-se à concepção propriamente pitagórica do número, que é, como já dissemos, concepção fortemente arcaica, ao mesmo tempo aritmética e geométrica, artitmético-geométrica, como justamente disse um ilustre historiador da ciência antiga[9]. O número era representado como um conjunto de pedrinhas, ou desenhado como conjunto de pontos, portanto era *visto*, ao mesmo tempo, como figura; e porque os pontos eram concebidos como ocupando espaço, ou seja, como massas, o número era visto também como figura sólida. Portanto, a passagem do número às figuras, às coisas, para aquele modo primitivo de pensar os números, era totalmente natural.

De resto, que os pitagóricos, já desde as origens, pensassem os números como espacialmente extensos fica comprovado, tão logo se traga à mente o seguinte: a antítese de ilimitado e limitante, que vimos constituir o pensamento fundamental do pitagorismo, procede, seja embora na forma mais rude, seguramente dos primeiros pitagóricos, senão do próprio Pitágoras. Eles concebiam o ilimitado como vazio circundando tudo, e representavam-se o universo como brotando de uma espécie de "inspiração" desse vazio por parte de um uno (formado não se sabe como). Esse ilimitado vazio, inspirado no uno, era concebido como causa da distinção das coisas e dos próprios números[10]. (Concepção fortemente influenciada pelo pensamento de Anaximandro e de Anaxímenes.) Números e coisas são, portanto, pensados como espacialmente determinados, vale dizer, são postos no mesmo plano: os pitagóricos posteriores estabelecerão o sistema, sem abandonar essas bases.

E quando os pitagóricos disserem que o um é o ponto, o dois a linha, o três a superfície, o quatro o sólido, é claro que isso só

9. A. Rey, *La jeunesse de la science grecque*, Paris 1933, pp. 270ss.; cf. também Burnet, *Early Gr. Philos.*, §§ XLVIIss.

10. Cf. Aristóteles, *Física*, Δ 6, 213 b 22ss. (Diels-Kranz, 58 B 30).

pode ser compreendido com base nas premissas que elucidamos. E, analogamente, sempre sobre estas bases, pode-se esclarecer também a tentativa (que parece ser de Filolau) de assimilar os quatro elementos aos sólidos geométricos: a terra ao cubo, o fogo à pirâmide, o ar ao octaedro, a água ao icosaedro (a solidez do cubo recorda analogicamente a da terra, a forma piramidal as línguas de fogo, etc., e a analogia podia muito bem autorizar a dedução no âmbito daquela perspectiva)[11].

Assim fica claro o modo como se dá a passagem dos elementos primigênios ao número (aritmético-geometricamente entendido) e do número a todas as coisas.

4. Fundação do conceito de "cosmo": o universo é "ordem"

Se temos presente as observações feitas, compreende-se perfeitamente, neste momento, que o universo dos pitagóricos devia adquirir um novo sentido com relação ao dos milesianos. É um universo no qual os elementos contrastantes são pacificados em harmonia; é um universo constituído pelo número, com o número e segundo o número. E não só na sua totalidade, mas também nas suas partes individuais e em cada uma das coisas nele contidas, é um universo inteiramente dominado pelo número. E *assim fica claro que esse universo devia se tornar, para os pitagóricos, um "cosmo", que significa "ordem"*.

> Os sábios dizem [...] que céu, terra, Deuses e homens são mantidos juntos pela ordem, pela sabedoria e pela retidão: e é por esta razão [...] que eles chamam esse todo de cosmo [ou seja, ordem][12].

"Cosmo", portanto, é termo que eles pela primeira vez usaram neste sentido específico, e neste sentido se manterá como definitivamente adquirido pelo pensamento ocidental.

O *lógos* cumpriu então um dos seus passos decisivos: o mundo deixou de ser domínio de forças obscuras, campo de misteriosas e

11. Cf. Timpanaro Cardini, *Pitagorici*, II, pp. 97ss.

12. Platão, *Górgias*, 507 e - 508 a.

indecifráveis potências e tornou-se, justamente, "a ordem" e, como tal, tornou-se transparente ao espírito. A ordem diz número e número diz racionalidade, cognoscibilidade e permeabilidade ao pensamento. Afirma Filolau:

> Todas as coisas conhecidas possuem número; sem este, não seria possível pensar nada, nem conhecer[13].
>
> A natureza do número não acolhe em si nenhuma mentira, nem a harmonia; a falsidade não tem nada em comum com eles. Mentira e inadequação são próprias da natureza do indeterminado, do ininteligível, do irracional. A mentira nunca se insinua no número, cuja natureza, de fato, é hostil e inimiga da mentira, enquanto a verdade é própria e conatural à espécie do número[14].

Portanto, *domínio do número significa domínio da racionalidade e da verdade.*

Se temos presente tudo isso: que todo o universo é harmonia e número e que a própria música é harmonia e número, não parecerá admirável que os pitagóricos pensassem que os céus, girando segundo o número e a harmonia, produzissem belíssimos concertos, uma celeste música de esferas: música que nós não ouvimos, ou (como pensavam alguns pitagóricos) porque, habituados a ouvi-la desde o nascimento, não a distinguimos mais, ou (como pensavam outros pitagóricos) porque os nossos ouvidos são inadequados para percebê-la.

Do Caos hesiodiano passamos ao Cosmo: graças aos pitagóricos, o homem ganhou novos olhos para ver o seu mundo.

---

13. Diels-Kranz, 44 B 4.
14. Diels-Kranz, 44 B 11.

III. A FÉ PITAGÓRICA: O HOMEM, A SUA ALMA E O SEU DESTINO

Dissemos, nas páginas precedentes, que a ciência pitagórica não era cultivada como *fim*, mas como *meio* para um fim ulterior: é este fim que devemos agora explicar.

Pitágoras foi certamente o primeiro filósofo a ensinar a doutrina da metempsicose, doutrina segundo a qual a alma é constrangida a reencarnar-se muitas vezes em sucessivas existências corpóreas, não só em forma de homem, mas também em diversas formas de animais, para expiar uma culpa originária cometida. Sobre este ponto concordam as nossas fontes, da mais antiga, que é Xenófanes[1] (quase contemporâneo de Pitágoras), o qual zombava dessa crença, até as mais recentes[2].

Ora, que o próprio Pitágoras tenha sido o inventor de tal doutrina, como acreditou Wilamowitz[3], é totalmente inverossímil: todos os estudiosos, hoje, concordam em afirmar que Pitágoras a extraiu do orfismo, seguramente anterior. E se os órficos honravam Dionísio e os pitagóricos, Apolo, isso, como veremos, explica-se bem, uma vez que o pitagorismo reformará o orfismo nalguns pontos essenciais, exatamente naqueles que tornarão possível a sua conjunção com a filosofia e, daí a mudança do nume tutelar: em vez de Dionísio, para quem a orgia entusiástica é sagrada, Apolo, a quem são sagradas a razão e a ciência.

Portanto, a alma é imortal, preexiste ao corpo e continua a subsistir depois do corpo. A sua união com um corpo não só não é conforme à sua natureza, mas é até mesmo contrária. A natureza da alma é divina e, portanto, eterna, enquanto a natureza de todo corpo é mortal e corruptível; a união da alma com um corpo, como se disse, é uma punição de uma obscura culpa originária por ela cometida e é, ao mesmo tempo, expiação de tal culpa. Por consequência, a vida

---

1. Cf. Diels-Kranz, 21 B 7.
2. Cf. Diels-Kranz, 14 A 1, A 8a.
3. U. von Wilamowitz Möllendorf, *Der Glaube der Hellenen,* Darmstadt 1959³, vol. II, pp. 185ss.

do homem deve ser entendida em bases totalmente novas com relação às que, de Homero em diante, a grecidade assumiu como certas.

O homem deve viver não em função do corpo, que é "cárcere" e "prisão" da alma, lugar no qual a ela paga sua culpa originária, mas em função da alma. E viver em função da alma significa viver uma vida que seja capaz de "purificá-la", ou seja, desatá-la dos laços que, por culpa própria, ela contraiu com o corpo.

Mas se orfismo e pitagorismo coincidem em remeter o sentido da vida a um ultraterreno fim escatológico e em atribuir às "purificações" o meio para libertar a alma do ciclo das reencarnações e levá-la a unir-se com o divino ao qual pertence, diferenciam-se em seguida nitidamente na escolha dos instrumentos e dos modos com os quais acreditam obter a purificação da alma. Os órficos sustentavam que os meios de purificação eram as celebrações e as práticas religiosas dos sagrados mistérios (que deviam elevar a alma gradativamente até sentir Deus em si e fazer-se extaticamente uma com ele), e, portanto, permaneciam ligados à mentalidade mágica, confiando-se quase inteiramente ao taumatúrgico poder dos ritos. Os pitagóricos, ao invés, *atribuíam sobretudo à ciência a via de purificação*. Nas prescrições pitagóricas que regulavam a vida cotidiana, permaneceram (e isso é natural) numerosas regras empíricas, ditadas por superstições ou, em todo caso, totalmente estranhas à ciência, mas a vida pitagórica diferenciou-se nitidamente da vida órfica, justamente pelo culto à ciência, que se tornou o mais elevado dos "mistérios" e, portanto, o mais eficaz instrumento de purificação[4].

Assim os pitagóricos realizaram um tipo de vida que para a grecidade era totalmente novo e respondia a exigências que as formas de religiosidade tradicionais não sabiam satisfazer, e que a religião dos mistérios só imperfeitamente satisfazia: e assim compreende-se bem o entusiasmo que os pitagóricos suscitaram e os consensos e êxitos que alcançaram.

As regras médicas de purgação e as regras ascéticas de abstinência visavam purificar o corpo para torná-lo dócil à alma. E as práticas de purificação da alma deviam, primeiro, concentrar-se na música, que, como sabemos, devia ser como a passagem à teoria dos

4. Cf. Burnet, *Early Gr. Philos.*, § XLV; Zeller-Mondolfo, I, 2, pp. 646ss.

números e ao sistema aritmético-geométrico dos pitagóricos. E com isso se esclarece também o sentido de todo o aparato extremamente complexo através do qual a ciência era compartilhada pelos novos adeptos. Os noviços, no primeiro período em que eram admitidos à ordem, deviam somente *calar* e *escutar* (atitudes consideradas as mais difíceis de aprender). Aprendido isso, podiam fazer perguntas, pôr questões acerca da música, da aritmética e da geometria (e escrever o que tinham aprendido). Por último, passavam ao estudo de toda a natureza e do cosmo. O mestre, ademais, falava escondido atrás de uma tenda, como para separar o saber da pessoa que fisicamente o comunicava, e para dar um caráter hierático ao mesmo, como se fosse a resposta de um oráculo; e a fórmula com a qual o docente comunicava o saber era "αὐτὸς ἔφα", *ipse dixit*, ou seja, "disse ele", o nume Pitágoras, a autoridade máxima: fórmula que se tornou proverbial. O silêncio sobre as doutrinas devia ser mantido pelos adeptos, e quem o infringia era punido[5]. Em suma: ao ensinar e ao estudar, os pitagóricos oficiavam, celebravam os sagrados mistérios, os sagrados mistérios da ciência.

Os pitagóricos foram, assim, os iniciadores do tipo de vida chamado (ou que, talvez, já eles o chamassem) de "*bios theoretikós*"[6], vida contemplativa, e que foi também chamada simplesmente de "vida pitagórica", isto é, uma vida que busca a purificação na contemplação da verdade, através do saber e do conhecimento. Platão dará a esse tipo de vida a sua expressão mais perfeita no *Górgias* e, sobretudo, no *Fédon*.

---

5. Cf. Zeller-Mondolfo, I, 2, pp. 404ss.
6. Ver as indicações de Mondolfo em Zeller-Mondolfo, I, 2, pp. 645ss.

IV. APORIAS ESTRUTURAIS DO PITAGORISMO

1. Aporias relativas a Deus e ao Divino

Zeller, ao tratar dos pitagóricos, buscou não só separar a *ciência* pitagórica da *fé* pitagórica, mas contrapôs uma à outra, chegando a sustentar que é errado atribuir à filosofia pitagórica tudo o que não depende da doutrina dos números. Mas, por maior consenso que esta tese tenha encontrado no passado, hoje está superada. Muitos estudiosos, com efeito, consentem atualmente na ideia de que a ciência pitagórica radica-se na fé pitagórica de maneira essencial, justamente porque a "vida pitagórica" só pode se realizar através da ciência, segundo o que acima reportamos: o homem não se pode purificar senão pela ciência e, portanto, a fé pitagórica supõe estruturalmente a ciência. O misticismo pitagórico diferencia-se radicalmente das formas de misticismo oriental, uma vez que, em lugar de apelar para forças alógicas e a-racionais, para a anulação da consciência, apela para o *lógos*, para a razão, a ciência, a consciência. O exemplo dos pitagóricos é o primeiro da união de misticismo e racionalismo que, ulteriormente, outras vezes se repetirá no mundo ocidental.

Há acerto no que Zeller diz a propósito da doutrina dos deuses dos pitagóricos. Escreve o estudioso que "os pitagóricos, verossimilmente, não puseram a sua teologia em conexão científica com os seus princípios filosóficos", e acrescenta: "Que para eles a ideia de Deus tivesse, enquanto ideia religiosa, a maior importância, não se pode duvidar; mas há muito pouco de caracteristicamente deles exatamente naquilo que nos foi transmitido com relação à teologia [...]"[1]. Mas que os pitagóricos não tenham posto a sua teologia em relação com a sua doutrina científica não é exato; é verdade, ao invés, que eles tentaram fazê-lo, mas não o conseguiram por motivos estruturais, que agora esclareceremos; e é em consequência deste fato que eles não puderam dizer nada de peculiar sobre os deuses.

1. Zeller-Mondolfo, I, 2, p. 573.

Ora, com base no que dissemos a propósito da concepção do divino nos milesianos e em Heráclito, seria lícito pensar que também os pitagóricos tenham identificado Deus e o Divino com os princípios primeiros. Contudo, isso não acontece. E não por acaso, mas por uma razão bem determinada. Os pitagóricos admitiram, como vimos, o ilimitado ou indeterminado ou infinito como um dos dois primeiros princípios. Ora, o ilimitado ou o infinito era sinônimo de *ininteligível*, de *irracional*, de *mal* e, portanto, não podia ser de modo algum identificado com Deus. Deus devia, ao invés, coincidir com o perfeito e, portanto, com o que resultava da determinação do ilimitado, isto é, com a harmonia e com o número. E é certo que os pitagóricos ligaram o poder do número em geral, e de certos números em particular, com o divino. No fragmento 11 diz Filolau:

> A essência e as obras do número devem ser julgadas em relação com o poder que existe na dezena; e grande é, de fato, o poder [do número] e tudo opera e cumpre, *princípio e guia da vida divina e celeste* e da humana, enquanto participa do poder da dezena; sem esta, tudo seria ilimitado, incerto e obscuro[2].

E pouco adiante:

> Não só nos fatos demoníacos e divinos podes ver a natureza do número e o seu poder dominador, mas também em todas, e sempre, as obras e palavras humanas, quer digam respeito às atividades técnicas em geral, quer propriamente à música[3].

E no fragmento 20, não seguramente atribuível a Filolau, mas que é, certamente, expressão de pensamentos pitagóricos, Deus é identificado com o número sete. Escreve, ademais, Fílon:

> Os pitagóricos compararam (o número sete) ao regente de todas as coisas; porque o que não gera nem é gerado permanece imóvel [...] e aquilo que nem move nem é movido é o antigo senhor e regente, do qual muito propriamente se pode dizer que o número sete é a imagem. Confirma as minhas palavras também Filolau, onde diz: "É regente e senhor de todas as coisas, deus, uno, eterno, estável, imóvel igual a si mesmo, diferente dos outros (números)"[4].

---

2. Diels-Kranz, 44 B 11.
3. *Ibidem*.
4. Diels-Kranz, 44 B 20.

E outra fonte antiga nos informa:

> Com razão Filolau chamou o número sete de "sem mãe": de fato só ele, por sua natureza, nem gera nem é gerado: ora, o que não gera nem é gerado é imóvel [...]. Ora, tal é deus, como afirma o próprio mestre de Tarento, o qual diz o seguinte. "É regente e senhor de todas as coisas, uno, eterno, deus, estável, imóvel, igual a si mesmo"[5].

Note-se, enfim, este fato significativo: Filolau, como em geral todos os pitagóricos, continuou a falar de Deus e de Deuses no sentido tradicional dos termos, sem relacioná-los com o número e a doutrina do número. Mais logicamente e de maneira mais coerente, os neopitagóricos farão coincidir a Divindade com o uno, do qual todos os números derivam; mas os antigos pitagóricos certamente não chegaram a este ponto de refinamento da doutrina. Mais ainda, os pitagóricos nos falam também de "demônios", que são as almas sem corpo; mas não nos dizem que relação eles têm com os deuses e o divino nem que relação eles têm com os números.

2. Aporias relativas à alma

Os pitagóricos, ademais, não nos dizem que relação têm as almas com os números: como todas as outras coisas, também as almas deveriam ser número. Mas, note-se: em primeiro lugar, se as divindades podem se diferenciar das outras coisas identificando-se com certos números privilegiados, não o podem as almas, que são numerosíssimas (todos os vivos, sem distinção, têm uma alma própria e, ademais, existem ainda numerosas almas não encarnadas que esperam encarnar-se ou que terminaram o ciclo das encarnações); para salvar a individualidade de cada uma das almas, dever-se-ia identificar cada uma delas com números diferentes (o que é absurdo), e se todas fossem um único número, então não se poderiam diferenciar umas das outras.

Se Filolau ou, pelo menos, certos pitagóricos identificaram a alma com a harmonia dos elementos corpóreos, fizeram-no ou

5. Reportado sempre por Diels-Kranz, 44 B 20 (da tradução de M. Timpanaro Cardini, com leve modificação).

pondo-se em contraste com a doutrina da alma-demônio ou, inevitavelmente, acrescentando uma alma sensível a uma alma-demônio, não só sem resolver o problema, mas ulteriormente complicando-o.

Estas aporias são insuperáveis, se permanecermos no horizonte da filosofia pitagórica do número e, em geral, no âmbito de uma filosofia da *physis*; para resolver tais dificuldades, a filosofia deverá extrapolar o horizonte da *physis*; mas, para tal, deverá esperar Platão e, com ele, empreender aquela que, com belíssima imagem, ele mesmo chamará de "segunda navegação": deverá descobrir o suprassensível.

I. XENÓFANES

1. A posição de Xenófanes com relação aos eleatas

A temática cosmológica, que caracterizou a especulação jônica e em parte a pitagórica, transforma-se notavelmente com Xenófanes.

Xenófanes (que nasceu na Cólofon jônica, mas transferiu-se muito cedo para as colônias ocidentais e viveu na Sicília e na Itália meridional[1]) é tradicionalmente considerado o fundador da escola eleata, mas esta é hoje uma tese historiográfica superada, e os modernos estudos tendem a descartá-lo decisivamente de entre os filósofos de Eleia.

Que Xenófanes não possa ter sido o fundador da escola eleata demonstram-no os seguintes raciocínios. Em primeiro lugar, a sua *temática* é caracteristicamente teológica, enquanto a dos eleatas é exclusivamente ontológica. Em segundo lugar, a sua *dialética* corrosiva das tradicionais opiniões nada tem a ver com a dialética eleata, porque a primeira não deriva de um princípio preciso, enquanto a segunda centra-se sobre o princípio da imutabilidade do ser e, portanto, tem uma relevância totalmente diversa. Em terceiro lugar, a tradição não diz nada de preciso acerca das relações de Xenófanes

---

1. Xenófanes nasceu na Cólofon jônica, provavelmente em torno a 570 a.C. Dos seus fragmentos extrai-se que em torno aos 25 anos ele precisou emigrar da cidade natal (os estudiosos pensam verossimilmente que isto tenha acontecido em 545 a.C. por causa da tomada da cidade por Arpargo em nome de Ciro). Da Jônia passou à Sicília e à Itália meridional e continuou por toda a vida a vagar, cantando as próprias composições poéticas. Morreu muito velho (talvez tenha passado dos cem anos). Entre as suas numerosíssimas composições, sobressaem as *Elegias* e os *Silli* (poesias satíricas). O pensamento propriamente filosófico talvez estivesse contido num poema doutrinal, mencionado pelas nossas fontes com o título *Sobre a natureza*, ao qual Diels atribui numerosos fragmentos que nos chegaram. (Alguns estudiosos modernos duvidam da existência de um poema doutrinal de Xenófanes assim intitulado, mas talvez tal dúvida decorra de hipercrítica excessiva). Sobre as várias questões concernentes à cronologia, a vida e as obras de Xenófanes cf. Zeller-Mondolfo, I, 3, pp. 58-71 (este volume foi por nós sistematicamene cotejado e atualizado e o citaremos sob a abreviação Zeller-Reale).

com Eleia. Enfim, o próprio Xenófanes, num fragmento muito descuidado no passado, nos diz claramente ser um andarilho sem morada fixa aos 92 anos[2]; e se nessa idade não tinha fixado morada, é claro que ainda não tinha fundado uma escola em Eleia, nem é verossímil que o tivesse feito depois de então. O equívoco que deu origem à convicção de que Xenófanes tenha sido o fundador da escola de Eleia está numa passagem do *Sofista*, na qual Platão, contrapondo os filósofos que admitiram a pluralidade dos princípios aos que, ao contrário, reduzem tudo à unidade, escreve:

> [...] ao invés, a nossa seita eleata, que começou com Xenófanes e *mesmo antes*, considera que o que se chama o universo é uno [...][3].

Porém Platão não fala como historiador, mas como teórico; ele entende por "seita eleata" a orientação filosófica que reduz tudo à *unidade* e, por este motivo (mas só por este), considera Xenófanes como fundador desse modo de conceber as coisas, ademais corrigindo imediatamente a sua asserção ao dizer que tal modo de conceber as coisas começou "mesmo antes" de Xenófanes. Portanto, a asserção platônica não tem um preciso fundamento histórico; além disso, veremos que a unidade do Deus-cosmo de Xenófanes é totalmente diferente da unidade do ser eleata: o que significa, como a crítica mais recente pôs à luz, que, se Xenófanes e os eleatas podem ser postos juntos genericamente na linha dos filósofos que reduzem tudo ao Uno, são, contudo, completamente independentes e até mesmo estranhos, exatamente pelo modo de conceber o uno[4].

2. Crítica da concepção dos Deuses e destruição do pressuposto da religião tradicional

O tema de fundo desenvolvido nos carmes de Xenófanes é constituído sobretudo pela crítica da concepção dos deuses fixada de modo paradigmático por Homero e Hesíodo, própria da religião tradicional e do homem grego em geral. O nosso filósofo individua

2. Diels-Kranz, 21 B 8.
3. Cf. Platão, *Sofista*, 242 c-d (= DK, 21 A 29).
4. Cf. Zeller-Reale, pp. 162ss.

Para alguns pesquisadores, esta cabeça pertence à herma encontrada acéfala em 1962, com a inscrição: "Parmênides, filho de Pireto, Ulíade, filósofo naturalista".

QUARTA SEÇÃO

XENÓFANES E OS ELEATAS

χρὴ τὸ λέγειν τε νοεῖν τ' ἐὸν ἔμμεναι. ἔστι γὰρ εἶναι, μηδὲν δ' οὐκ ἔστιν...

"*É necessário dizer e pensar que o ser é: com efeito o nada não é...*"

Parmênides, fr. 6, vv. 1-2.

perfeitamente o erro de fundo do qual brotam todos os absurdos ligados a esta concepção. Esse erro consiste no *antropomorfismo*, vale dizer, na convicção de que os deuses e o Divino em geral devem ter aspectos, forma, sentimentos, tendências totalmente iguais aos dos homens, somente mais majestosos, mais vigorosos, mais potentes e, portanto, com diferenças puramente quantitativas e não qualitativas. Ao que ele objeta:

> Mas se os bois, os cavalos e os leões tivessem mãos
> ou pudessem pintar e realizar as obras que os homens realizam com as [mãos,
> os cavalos pintariam imagens dos deuses semelhantes a cavalos,
> os bois semelhantes a bois, e plasmariam os corpos dos deuses
> semelhantes ao aspecto que tem cada um deles[5].

E mais:

> Os etíopes dizem que os seus deuses são negros e têm o nariz achatado,
> os trácios dizem, ao invés, que têm olhos azuis e cabelos ruivos[6].

Portanto, os Deuses não têm e não podem ter semelhança humana; mas é ainda menos pensável que tenham costumes humanos e, sobretudo, que cometam ações ilícitas e nefastas, como o diz a mitologia.

> Aos deuses Homero e Hesíodo atribuem
> tudo o que para os homens é desonra e vergonha:
> roubar, cometer adultério, enganar-se mutuamente[7].

E, analogamente, é impossível que os Deuses nasçam, porque se nascem também morrem.

> Mas os mortais consideram que os deuses nascem,
> que têm vestes, voz e figura como eles[8].

E é também impossível que Deus se mova e vagueie de um lugar a outro, como os Deuses erradios de Homero:

> Sempre no mesmo lugar permanece sem mover-se absolutamente,
> mas se lhe atribui o deslocamento ora para um lugar, ora para outro[9].

5. Diels-Kranz, 21 B 15.
6. Diels-Kranz, 21 B 16.
7. Diels-Kranz, 21 B 11.
8. Diels-Kranz, 21 B 14.
9. Diels-Kranz, 21 B 26.

E, enfim, os vários fenômenos celestes e terrestres, que as crenças populares identificavam com as várias divindades, são explicados como fenômenos naturais, como por exemplo o arco-íris, que se acreditava ser a deusa Íris:

> A que chamam Íris é, ao invés, também ela uma nuvem,
> purpúrea, violácea, esverdeada aos nossos olhos[10].

Eis que a filosofia, a pouca distância do seu nascimento, mostra já toda a sua força inovadora, destrói crenças seculares consideradas solidíssimas, apenas porque consubstanciadas no modo de pensar e sentir tipicamente grego, contesta-lhes qualquer validade, em poucas palavras, revoluciona inteiramente o modo de ver do homem antigo. Depois das críticas de Xenófanes, o homem ocidental não poderá mais conceber o divino segundo formas e medidas humanas.

3. Deus e Divino segundo Xenófanes

Mas se as categorias de que dispunha Xenófanes eram suficientes para fazer desabar a concepção antropomórfica dos deuses, eram contudo insuficientes para determinar positivamente o conceito de Deus. Depois de ter negado com argumentos totalmente adequados que Deus possa ser concebido em forma de homem, ele chega a afirmar que Deu*s é o cosmo*. Seria preciso uma elaboração muito mais longa de categorias especulativas para que se chegasse a conceber Deus não só como *outro do homem*, mas também como *outro do cosmo*.

Mas vejamos, concretamente, as afirmações de Xenófanes que deram origem a não poucos equívocos.

O fragmento 23 diz:

> Uno, Deus, sumo entre os deuses e os homens,
> nem por figura nem por pensamento semelhante aos homens[11].

Alguns intérpretes não hesitaram em entender o fragmento como se dissesse: "Existe um só e único Deus", e falaram, consequente-

---

10. Diels-Kranz, 21 B 31.
11. Para as contrastantes exegeses do fragmento cf. Zeller-Reale, pp. 84-88.

mente, em monoteísmo. Mas trata-se de uma interpretação decididamente anti-histórica.

Com efeito, em primeiro lugar, ela é contrária ao espírito de toda a grecidade, ao qual, como veremos, permaneceu sempre estranho o problema de se Deus é uno ou múltiplo, porque não advertiu a contraditoriedade entre afirmar que Deus é uno e que Deus é muitos, mas considerou de todo natural que o divino, pela sua própria natureza, tivesse múltiplas afirmações e manifestações de várias espécies. (O próprio Platão conceberá o divino como essencialmente múltiplo e assim também Aristóteles, que tende ao monoteísmo apenas como exigência, pois não hesita em pôr ao lado do Motor Imóvel, embora em subordinação hierárquica, cinquenta e cinco outros motores coeternos.)

Em segundo lugar, o verso de Xenófanes, ao mesmo tempo que fala de "Deus" no singular, compara-o e o põe acima dos Deuses no plural. Ademais, ele fala de Deus no singular e de Deuses no plural alternativamente, sem discriminação, em todos os fragmentos[12]. Há mais, porém. O fragmento 23 nos é reportado por uma fonte cristã[13], preocupada exclusivamente em ressaltar presumíveis concordâncias dos filósofos antigos com a doutrina cristã, com um corte que falseia o pensamento original, e que felizmente temos condições de reconstruir. Refere-nos Aristóteles:

> Xenófanes, que antes mesmo destes [Parmênides e Melisso] afirmou a unidade do todo [...], não dá nenhum esclarecimento [sobre a natureza desse uno, se ele é material ou formal] [...], mas, *estendendo a sua consideração a todo o universo, afirma que o uno é Deus*[14].

Como se vê, Aristóteles tem aqui presente a passagem da qual é tirada o nosso fragmento, que devia soar assim:

> O universo [...] é uno, Deus, sumo entre os deuses e os homens, nem por figura nem por pensamento semelhante aos homens[15].

Portanto, o Deus uno do qual fala Xenófanes é o Deus-cosmo, que não exclui, mas admite outros deuses ou entes divinos (sejam

---

12. Cf. Zeller-Reale, pp. 93s.
13. É reportado por Clemente, *Strom.*, V, 109 (p. 399, 16 Stählin).
14. Aristóteles, *Metafísica*, A 5, 986 b 21ss. (= Diels-Kranz, 21 A 30).
15. Cf. Zeller-Reale, pp. 87s.

eles partes do cosmo ou forças do cosmo ou outras coisas que, a partir de escassos fragmentos, não se consegue determinar). E se o Deus xenofaneu é o Deus-cosmo, compreende-se bem as outras bastante famosas afirmações do filósofo sobre ele:

> Todo inteiro vê, todo inteiro pensa, todo inteiro ouve[16].

E ainda:

> Mas sem fadiga, com a força da mente, tudo faz vibrar[17].

E compreende-se também como deve ser entendida a negação do movimento que já encontramos:

> Sempre no mesmo lugar permanece sem mover-se de modo algum, nem lhe convém ir ora a um lugar, ora a outro[18].

Todas essas afirmações, segundo o parâmetro de leitura que indicamos, explicam-se perfeitamente: o ver, ouvir e pensar, assim como a força que tudo faz vibrar, são atribuídos a Deus, não em dimensão humana, mas *em dimensão cosmológica.*

Portanto, Xenófanes não é monoteísta, porque fala tranquilamente de "Deus" e de "Deuses", no singular e no plural, e porque nenhum grego jamais percebeu antítese entre monoteísmo e politeísmo; não é um espiritualista, porque o seu Deus é o cosmo, e a categoria do espiritual está totalmente além do horizonte da sua especulação (e permanecerá desconhecida a todos os pré-socráticos); e não é, por consequência, nem sequer dualista (o primeiro a contrapor o espiritual ao material será Platão)[19].

Poder-se-ia concluir então que Xenófanes é panteísta, como muitos o fizeram. Pensamos que tal exegese é a menos distante da verdade, mas é preciso matizá-la mais do que o fazem os seus defensores.

A concepção de Xenófanes é muito arcaica e as categorias da *imanência* e da *transcendência*, do *panteísmo* e do *teísmo* supõem aquisições bem mais determinadas e, por isso, são sempre perigosas, no sentido de que, quando aplicadas a um pensamento que ainda não

---

16. Diels-Kranz, 21 B 24; cf. Zeller-Reale, pp. 79ss.

17. Diels-Kranz, 21 B 25; sobre o fragmento, interpretado diferentemente, cf. Zeller-Reale, pp. 80s.

18. Diels-Kranz, 21 B 26.

19. Cf. Zeller-Reale, pp. 104ss.

as adquiriu, fatalmente o determinam, o submetem a uma direção particular e correm o risco de falseá-lo[20]. Se Xenófanes identificou Deus com o universo, continuou depois a falar também de Deuses sem determinar as relações destes com aquele, e sem determinar também as relações entre o Deus-cosmo e os eventos e fenômenos singulares do cosmo. Depois de ter juntado algumas intuições, Xenófanes parou, tendo-lhe faltado todas as categorias metafísicas que lhe teriam permitido seguir adiante[21].

4. A física xenofaneia

Uma das mais claras provas do que falamos é dada pela assim chamada "física" xenofaneia, que os estudiosos tiveram grande dificuldade em relacionar com a doutrina de Deus. Na verdade, Xenófanes não elaborou uma física no sentido dos jônicos, nem, muito menos, uma física das aparências, em sentido parmenidiano.

Ele pôs, nalguns fragmentos, a terra como princípio:

> Tudo nasce da terra, e tudo na terra termina[22].

Em outros fragmentos ele fala, ao invés, de terra e água ao mesmo tempo:

> Terra e água são todas as coisas que nascem e crescem[23].

> Todas nasceram da terra e da água[24].

Parece que Xenófanes, com a terra (ou terra e água), quis explicar *somente os seres terrestres* e não todo o cosmo: portanto o seu princípio é diferente do *princípio* dos jônicos, que pretendia explicar as coisas terrestres e todo o cosmo. Por outro lado, se ele negou o nascimento, a mudança e o movimento no cosmo, não negou que as coisas individuais no cosmo nasçam, movimentem-se e mudem; por isso a sua física não pode ser nem sequer a física das aparências de Parmênides[25].

---

20. Zeller-Reale, pp. 111ss.
21. Cf. *ibidem*.
22. Diels-Kranz, 21 B 27.
23. Diels-Kranz, 21 B 29.
24. Diels-Kranz, 21 B 33.
25. Cf. *infra*, pp. 113-116; para os problemas concernentes à física de Xenófanes cf. Zeller-Reale, pp. 128-136.

Talvez seja verdadeira a tese de Untersteiner, segundo a qual a concepção da terra-princípio de Xenófanes não é senão a concepção de Gaia, a Deusa-Terra (Gaia significa justamente Terra), que se está transformando do mito ao *lógos*, mantendo ainda o original sentido religioso[26]. Em tal caso, a física xenofaneia concordaria mais facilmente com a sua teologia. É, contudo, certo que Xenófanes preocupou-se também com motivar a sua física com observações rigorosamente científicas e que as suas teses físicas não são, em todo caso, derivadas unicamente do motivo da Gaia pré-helênica.

5. Ideias morais

Xenófanes expressou também ideias morais de alto valor, e em particular afirmou, combatendo os preconceitos correntes, a nítida superioridade daqueles que chamaremos valores espirituais, tais como a virtude, a inteligência, a sabedoria, sobre os valores puramente vitais, como a força física dos atletas[27]. Daqueles procedem para a cidade ordenamentos melhores e felicidade maior do que destes.

Eis o conhecido fragmento 2, no qual ele exprime com energia essas suas ideias:

> Mas se alguém conquistasse a vitória com a velocidade dos seus pés
> ou conquistasse vitória no pentatlo, lá onde está o recinto sagrado de Zeus,
> junto às torrentes do Pisa em Olímpia, ou lutando
> ou mostrando-se hábil no cruel pugilato
> e com aquela terrível disputa que chamamos pancrácio,
> este se tornaria, aos olhos dos seus concidadãos, mais glorioso que antes
> e obteria o lugar de honra nos espetáculos públicos
> e seria sustentado pelas reservas públicas
> da Cidade ou receberia um dom a ser conservado qual cimélio;
> e também se conseguisse vitória com os cavalos, obteria todas essas honras,
> mesmo não sendo digno como eu o sou. De fato, superior à força
> dos homens e dos cavalos é a nossa sabedoria.
> Mas isso é avaliado desproporcionalmente, nem é justo
> antepor a força ao valor da sabedoria.
> E, de fato, embora houvesse entre o povo um valente pugilista

---

26. M. Untersteiner, *Senofane. Testimonianze e frammenti*, Florença 1956.
27. Cf. Diels-Kranz, 21 B 2

ou algum valente no pentatlo e na luta,
ou na velocidade dos pés (que é a mais elevada em honra
entre as provas de força que os homens afrontam em disputas),
não por isso a Cidade teria uma ordem melhor.
E bem pouca alegria teria a Cidade,
se alguém competindo vencesse nas torrentes do Pisa:
essas coisas não enriquecem os tesouros da Cidade.

Mas são ideias que, por mais belas, não se fundam filosoficamente sobre uma consideração geral acerca do homem: e isso veremos repetir-se em todos os pré-socráticos.

II. PARMÊNIDES

1. As três vias da pesquisa

A interpretação que demos acima de Xenófanes fará compreender melhor a originalidade de Parmênides[1], que não é um seguidor ou reelaborador de um pensamento já esboçado por outros, mas um inovador radical e, no âmbito dos pré-socráticos, um revolucionário: com ele a cosmologia sofre um profundo abalo, transforma-se e tende decididamente a se tornar algo novo e mais maduro, vale dizer, uma *ontologia*.

No seu poema, Parmênides — como os mais recentes estudos tendem a pôr sempre mais em evidência — parece ter atribuído três possíveis "vias" à pesquisa: dentre elas, considerou absolutamente *veraz* uma só; uma segunda, ao contrário, considerou-a absolutamente *falaciosa*; e uma terceira considerou (ou tentou considerar) de algum modo *verossímil*.

Diz a Deusa[2] (protagonista do poema e imaginada como Deusa que revela a Parmênides toda a verdade) no final do prólogo:

---

1. Parmênides nasceu em Eleia, na Magna Grécia. Das contrastantes indicações cronológicas das fontes antigas, é lícito extrair apenas que nasceu na segunda metade do século VI e morreu em torno à metade do século V a.C. Em Eleia fundou a escola chamada *eleata*, destinada a ter um grande influxo sobre todo o pensamento grego. As nossas fontes dizem que foi introduzido à filosofia pelo pitagórico Amínia (cf. Diógenes Laércio, IX, 21 = Diels-Kranz, 28 A 1), e, com efeito, o espírito religioso e místico está bem presente no poema parmenidiano, este também intitulado *Sobre a Natureza*, sobretudo no majestoso prólogo. Como a maior parte dos seus predecessores, Parmênides ocupou-se também de política: é-nos referido, de fato, que ele deu boas leis aos eleatas (cf. Diógenes Laércio, IX, 23 = Diels-Kranz, 28 A 1; cf. também o testemunho de Estrabão e Plutarco em Diels-Kranz, 28 A 12). Do poema parmenidiano chegou-nos o prólogo integralmente, quase toda a primeira parte e escassos fragmentos da segunda. Tradicionalmente via-se em Parmênides o rival de Heráclito e acreditava-se encontrar no poema uma acentuada *polêmica anti-heraclitiana*; porém os mais recentes estudos puseram decididamente em crise esta convicção. Sobre todos os problemas relativos à cronologia, vida, obra e presumíveis relações de Parmênides com Heráclito cf. Zeller-Reale, pp. 165-183.

2. Parmênides apresenta, pois, a sua mensagem filosófica como revelação divina. Sobre o significado autenticamente religioso da Deusa e da sua "revelação", cf. Zeller-Reale, pp. 320-334.

É preciso que tudo aprendas
[1] e da verdade bem redonda o sólido coração
[2] e dos mortais as opiniões, em que não há certeza veraz;
[3] ademais, também isto aprenderás: que é necessário admitir a existência das aparências quem tudo indaga em todos os sentidos[3].

Portanto, três vias: uma da verdade absoluta, uma das opiniões falaciosas ou da absoluta falsidade, e uma da opinião plausível. Percorramos uma a uma junto com Parmênides ou, melhor, junto com a Deusa de quem Parmênides é profeta e mensageiro.

2. A via da absoluta verdade

O grande princípio parmenidiano, que é o próprio princípio da verdade, é este: *o ser é e não pode não ser; o não ser não é e não pode ser de modo algum.* O ser, portanto, é e deve ser afirmado, o não-ser não é e deve ser negado, e esta é a verdade; negar o ser ou afirmar o não-ser é, ao invés, a absoluta falsidade.

Diz o fragmento 2:

Pois bem, dir-te-ei — e tu escuta a minha palavra —
quais as únicas vias de pesquisa que se podem pensar:
uma *que* (*o ser*) *é* e não é possível que não seja
— é o caminho da persuasão, porque vai direto à verdade —
a outra *que* (*o ser*) *não é* e é necessário que não seja;
e digo-te que esta é uma via fechada a toda pesquisa:
de fato, não poderias conhecer o que não é, pois não é possível
nem o poderias exprimir[4].

E o fragmento 6:

Necessário é dizer e pensar que o ser é: de fato o ser é,
nada não é[5]; isto eu te exorto a considerar.
Por isso desta primeira via de pesquisa eu te afasto,
mas, depois, também daquela na qual os mortais que nada sabem
erram, gente de duas cabeças; de fato é a incerteza
que no seu peito dirige a mente errante. Estes são arrastados
surdos e cegos ao mesmo tempo, perplexos: gente sem juízo

---

3. Diels-Kranz, 28 B 1, vv. 28-32.
4. Sobre B 2 cf. Zeller-Reale, pp. 184ss.
5. A proposição parmenidiana, que constitui o grande princípio da escola eleata, soa no original: ἔστι γὰρ εἶναι, μηδὲν δ' οὐκ ἔστι.

> para quem ser e não-ser são idênticos
> e não-idênticos, e de todas as coisas há um caminho que é reversível.

E o fragmento 8 começa proclamando:

> [...] Uma só via resta ao discurso:
> que o ser é [...][6].

Ser e não-ser no contexto do discurso parmenidiano são tomados no seu significado integral e unívoco: o ser é o *puro positivo* e o não-ser o *puro negativo* ou, melhor ainda, o ser é o puro positivo absolutamente privado de qualquer negatividade e, ao contrário, o não-ser é o absoluto contraditório desse absoluto positivo.

A afirmação do ser e a negação do não-ser são justificadas por Parmênides, como em parte já vimos no fragmento 6, do único modo possível: o ser é a única coisa pensável e exprimível; qualquer pensar, para ser tal, é *pensar o ser*, a ponto de podermos dizer que pensar e ser coincidem, no sentido de que não há pensamento que não exprima o ser; ao contrário, o não-ser é de todo impensável, inexprimível, indizível e, portanto, impossível.

No fragmento 3 lemos:

> [...] De fato o mesmo é o pensar e o ser.

E no fragmento 8:

> O mesmo é o pensar e aquilo em função do que é o pensamento
> porque sem o ser, no qual é expresso,
> não encontrarás o pensar: de fato é ou será
> nada fora do ser [...][7].

Neste princípio parmenidiano, os intérpretes há muito indicaram a primeira grandiosa formulação do princípio de não-contradição, isto é, aquele princípio que afirma a impossibilidade de os contraditórios coexistirem simultaneamente. No nosso caso, os contraditórios são exatamente os dois supremos contraditórios "ser" e "não-ser": se há ser, diz o Eleata, não pode haver o não-ser. É este o grande princípio que receberá de Aristóteles a sua mais célebre formulação e defesa, e que constituirá não só o fundamento de toda a lógica antiga, mas de toda a lógica do Ocidente. Ademais, Par-

---

6. Diels-Kranz, 28 B 8, vv. 1-2.
7. Diels-Kranz, 28 B 8, 34ss. (para a exegese cf. Zeller-Reale, pp. 218ss).

mênides aplicará o princípio quase exclusivamente na sua valência ontológica, e só Aristóteles desenvolverá sistematicamente as valências lógicas e gnosiológicas correspondentes.

Se temos bem presente o sentido que chamamos integral e unívoco do ser parmenidiano e o sentido igualmente integral e unívoco que assume o princípio de não contradição, então compreende-se bem que todas ou quase todas as principais afirmações que encontramos no poema não são mais que simples corolários que decorrem necessariamente, uma vez postas tais premissas.

O ser, em primeiro lugar, é *ingênito* e *incorruptível*.

De fato, é impossível que tenha sido gerado, enquanto, se assim fosse, deveria derivar ou do não-ser ou do ser: do não-ser é impossível, porque o não-ser não é; do ser é igualmente impossível, porque já seria e não nasceria. E por estas mesmas razões é impossível que se corrompa.

O ser não tem, pois, um *passado* (porque em tal caso *não seria* mais) e nem mesmo um *futuro* (porque *não seria* ainda), mas é presente eterno sem início nem fim. Lemos no fragmento 8[8]:

> [...] Uma só via resta ao discurso: *que é*.
> Sobre esta via existem muitos sinais indicadores:
> que o ser é ingênito e também imperecível:
> pois é um todo, imóvel e sem fim;
> nem era nem será, pois *é* todo junto agora,
> uno, contínuo. Que origem, de fato, buscarás dele?
> Como e de onde teria crescido? Do não-ser não te permito
> nem dizê-lo nem pensá-lo: com efeito, não é possível nem dizer nem pensar
> que não é. Que necessidade o teria impelido
> a nascer depois ou antes, se ele derivasse do nada?
> Assim é necessário que seja totalmente ou que não seja de modo algum.
> E nem mesmo do ser concederá a força de crença veraz
> que nasça algo que não seja ele. Por isso nem o nascer
> nem o perecer lhe concedeu Diké, afrouxando amarras,
> mas firmemente o mantém. O juízo sobre isso resume-se no seguinte:
> *é* ou *não é*. Estabeleceu-se, portanto, por força de necessidade,
> que uma das vias se deve deixar porque impensável e inexprimível
> (não é, de fato, a via da verdade) e que a outra é e é verdadeira.
> E como poderia o ser existir no futuro? E como poderia nascer?

8. Diels-Kranz, 28 B 8, vv. 1-21 (afastamo-nos em alguns pontos da posição de Diels-Kranz; para a justificação da posição que adotamos ver Zeller-Reale, pp. 195-210).

Pois se nasceu, não é; e nem é, se é para ser no futuro.
Assim extingue-se o nascer e desaparece o perecer.

O ser é, ademais, *imutável e absolutamente imóvel*, é encerrado, diz Parmênides, nas *cadeias do limite*, da Necessidade inflexível: ele é perfeito e acabado e, como tal, não carece e não tem necessidade de nada e, por isso, permanece em si mesmo idêntico no idêntico.

Mas, imóvel, nos limites de grandes liames
é sem princípio e sem fim, pois o gerar-se e o perecer
foram afastados para longe e rechaçou-os uma certeza veraz.
E idêntico no idêntico [lugar] ficando, em si mesmo jaz
e assim, fixo, permanece, pois a Necessidade inflexível
o mantém nas cadeias do limite, que o encerra em torno,
pois é Destino que o ser não seja ilimitado:
pois de nada é carente, enquanto o não-ser carece de tudo[9].

O ser também é indivisível em partes diferentes e, portanto, é um contínuo *todo igual*, já que qualquer diferença implica o não-ser.

E não é divisível, pois é todo igual:
nem tem nalguma parte mais ser que o impeça de ser contínuo,
nem tem menos ser, mas tudo é cheio de ser;
por isso é todo contínuo: de fato o ser se envolve com o ser[10].

E ainda:

Pois nem há o não-ser que o impeça de alcançar o igual,
nem é possível que o ser seja com relação ao ser
mais de uma parte e menos de outra, porque é um todo inviolável:
pois de todas as partes igual, de modo igual se encontra nos seus confins[11].

Parmênides proclama muitas vezes o seu ser como limitado, vale dizer, determinado e finito, mas não deduz esse caráter, que extrai evidentemente do pressuposto pitagórico de que só o finito é perfeito.

E a igualdade e a finitude juntas sugerem evidentemente a representação *esferiforme*, que o Eleata explicitamente atribui ao seu ser:

---

9. Diels-Kranz, 28 B 8, vv. 26-33.
10. Diels-Kranz, 28 B 8, vv. 22-25.
11. Diels-Kranz, 28 B 8, vv. 46-49.

Mas porque há um extremo limite, ele é completo
de toda parte, semelhante à massa de bem redonda esfera
de igual força do centro a toda parte [...][12].

É evidente que tal concepção do ser postulava também o atributo da *unidade*. Com efeito, Parmênides afirma tal atributo, mas só de passagem[13], sem nele insistir e, sobretudo, sem justificá-lo. Como veremos, serão Zenão e, especialmente, Melisso que insistirão sobre esse caráter e o levarão ao primeiro plano.

Única verdade é, pois, o ser ingênito, incorruptível, imutável, imóvel, igual, esferiforme e uno: o resto é apenas nome vão:

[...] por isso todos os nomes serão
os que puseram os mortais, convictos de que fossem verdadeiros:
nascer e perecer, ser e não-ser,
mudar de lugar e mudar de luminosa cor[14].

Perguntemo-nos agora, antes de percorrer as outras duas vias, o que é esse "ser" parmenidiano. É claro que não se trata de ser imaterial, como alguns pretenderam: o caráter de esfera e expressões como "todo cheio de ser"[15], e semelhantes, o dizem de modo muito eloquente. Mas não é o caso de insistir em sua materialidade: estamos ainda aquém da descoberta de tais categorias. Todavia é claro que o ser parmenidiano é o ser do cosmo, imobilizado e em grande parte purificado, mas ainda claramente reconhecível: é, por paradoxal que isso possa soar, o ser do cosmo sem o cosmo.

A diferença entre esse ser e o princípio dos jônicos é evidente. Como o princípio dos jônicos, o ser parmenidiano é ingênito e incorruptível, mas não é "princípio" porque não há, para Parmênides, "principiado". E não há, porque o ser, ademais de ingênito e incorruptível, é *inalterável* e *imóvel*, enquanto o princípio dos jônicos gerava todas as coisas justamente alterando-se e movendo-se. E enfim não há princípio, porque o ser é absolutamente igual, indiferenciado e indiferenciável, enquanto o princípio dos jônicos gerava as coisas diferenciando-se e transformando-se. Assim o ser parmenidiano permanece numa posição ambígua: ele não é mais princípio

12. Diels-Kranz, 28 B 8, vv. 42-44.
13. Diels-Kranz, 28 B 8, v. 6.
14. Diels-Kranz, 28 B 8, vv. 38-41.
15. Diels-Kranz, 28 B 8, v. 24.

nem cosmo, e no entanto não é ainda diferente do ser do princípio naturalista e do cosmo.

Mas vejamos as outras duas vias, que melhor nos ajudarão a compreender esta singular posição parmenidiana.

3. A via do erro

A via acima seguida é a via da razão e do *lógos*: é o *lógos*, com efeito, e só o *lógos* que afirma o ser e nega o não-ser. Ao contrário, os sentidos parecem atestar o devir, o movimento, o nascer e o morrer, e, portanto, o ser junto com o não-ser. Mas é justamente sobre os sentidos que todos os homens se fundam e, por isso, a Deusa denuncia o perigo que deriva de prestar fé aos sentidos contra o ditame do *lógos* e proclama que é preciso seguir apenas o *lógos*. De fato, admitir o *ser* e, junto, o *não-ser* significa substancialmente admitir o nada, por isso se compreende bem por que Parmênides considerava muito próxima a afirmação de que o nada é e a afirmação de que há ser ao mesmo tempo que não-ser. Com efeito, ambas transgridem o grande princípio, admitindo (embora de modo diferente) a possibilidade do contraditório negativo (o não-ser), que é impensável e inexprimível e, portanto, absurdo.

Releiamos o fragmento 6:

> Necessário é dizer e pensar que o ser é: de fato o ser é,
> nada não é; isto eu te exorto a considerar.
> Por isso desta primeira via de pesquisa [que admite o nada] eu te afasto,
> mas, depois, também daquela na qual os mortais que nada sabem
> erram, gente de duas cabeças; de fato é a incerteza
> que no seu peitos dirige a mente errante. Estes são arrastados
> surdos e cegos ao mesmo tempo, perplexos: gente sem juízo
> para quem ser e não-ser são idênticos
> e não-idênticos, e de todas as coisas há um caminho que é reversível.

E o fragmento 7:

> De fato isto jamais poderá se impor: que o não-ser seja!
> Mas tu afasta desta via de pesquisa o pensamento,
> nem o hábito nascido de muitas experiências humanas por esta via te
> [force,

a usar o olho que não vê, o ouvido que ressoa
e a língua: mas com o pensamento julga a prova com as múltiplas
[confutações
que te foram fornecidas. Uma só via resta ao discurso:
que o ser é [...].

A raiz do erro da "opinião dos mortais", portanto, está na admissão do não-ser ao lado do ser e na admissão da possibilidade da passagem de um ao outro e vice-versa.

4. A terceira via: a explicação plausível dos fenômenos e a "doxa" parmenidiana

Tradicionalmente entendia-se o pensamento de Parmênides enrijecido numa posição de absoluta negatividade diante da doxa[16]. Entretanto, recentemente emergiu, bastante claramente, que alguns fragmentos demonstram que o primeiro eleata, embora negando qualquer validez à falaciosa opinião dos mortais, não deixava todavia de conceder às "aparências", adequadamente entendidas, certa plausibilidade e, portanto, de reconhecer alguma validade aos sentidos. Se assim é, devemos concluir, como já acenamos, que Parmênides, além da Verdade e da Opinião falaciosa dos mortais, reconhecia a possibilidade e a legitimidade de certo tipo de discurso que tentasse dar conta dos fenômenos e das aparências sem ir contra o grande princípio, isto é, sem admitir, juntos, o ser e o não-ser.

Já lemos o final do prólogo do poema, no qual a Deusa diz que, depois da verdade e das opiniões falaciosas dos mortais, Parmênides deverá aprender:

[...] que é necessário admitir a existência das aparências quem tudo indaga em todos os sentidos[17].

No final do fragmento 8, a Deusa diz ulteriormente:

A ordem do mundo como aparece plenamente te exponho
para que nenhuma convicção dos mortais jamais te possa desviar[18].

16. Ver, a este propósito, a nossa *Nota sulle interpretazioni della doxa parmenidea*, in Zeller-Reale, pp. 292-319.
17. Diels-Kranz, 28 B 1, vv. 31s.
18. Diels-Kranz, 28 B 8, vv. 60s.

Aqui é claramente contraposta a exposição da ordem do mundo plausível à convicção que sobre ela têm os mortais, justamente como no prólogo.

Mas, no curso da exposição daquela que tradicionalmente era considerada a opinião falaciosa dos mortais, encontram-se expressões e fórmulas que se aproximam muito da linguagem da verdade: sinal de que Parmênides não está expondo o puro erro, para o que usa uma linguagem totalmente diferente.

Portanto, Parmênides expôs uma "opinião plausível", além da falaciosa, e buscou, a seu modo, dar conta dos fenômenos[19]. Como?

Os "mortais" erraram — vimos — admitindo ser e não-ser. De modo mais determinado, no fragmento 8, diz-se que os mortais puseram duas formas supremas: "luz" e "noite", concebendo-as como contrárias (como ser e não-ser) e deduzindo todo o resto delas.

Não está claro a que Parmênides alude precisamente ao falar dessas duas formas. Todavia é claríssimo que ele pretende corrigir o erro dos mortais:

> De fato eles [os mortais] estabeleceram dar nome a duas formas
> *cuja unidade não é necessária*: nisso eles erraram[20].

Os mortais, portanto, erraram *porque não compreenderam que as duas formas estão incluídas numa superior unidade necessária, vale dizer, na unidade do ser.*

E assim soa claríssimo o fragmento 9, muito descuidado no passado:

> E porque tudo foi chamado luz e noite
> e estes nomes foram dados, segundo suas características, a estas coisas [e àquelas,
> tudo está cheio igualmente de luz e de obscura noite,
> *ambas iguais, porque com nenhuma das duas há o nada*[21].

19. A reavaliação da *doxa* parmenidiana foi iniciada por Reinhardt (*Parmenides und die Geschichte der griechischen Philosophie*, Bonn 1916); mas a nova perspectiva exegética, na qual em parte nos inspiramos, foi aberta por H. Schwabl (*Sein und Doxa bei Parmenides*, in *Wiener Studien*, 66 [1953], pp. 50-75) e por M. Untersteiner (*La Doxa di Parmenide*, primeiro em *Dianoia*, 2 [1956], pp. 203-221 e agora em *Parmenide. Testimonianze e frammenti*, Florença 1958, pp. CLXVss.).

20. Diels-Kranz, 28 B 8, vv. 53s. Sobre estes versículos cf. o que dissemos em Zeller-Reale, pp. 244s. A exegese que aqui propomos distancia-se decididamente das interpretações tradicionais; ver as motivações no lugar acima citado.

21. Sobre este fragmento cf. Zeller-Reale, pp. 250ss.; 313ss.

"Luz" e "noite" são iguais, porque nenhuma das duas são o nada, e, por isso, *são ambas ser*.

Que tenha sido este o pensamento parmenidiano é confirmado, sobre outras bases, não só pelos fragmentos lidos, mas também pela notícia transmitida por Teofrasto, segundo a qual também o cadáver (que é frio, ou seja, noite escura) tem sensação:

> Que ele [Parmênides] atribua a sensação também ao princípio contrário absolutamente considerado [= o princípio que é chamado por Parmênides de "noite"], é evidente por aquela passagem onde afirma que o cadáver não tem sensibilidade para a luz, para o quente e para o som, pelo fato de ter desaparecido o princípio ígneo [= o princípio que Parmênides chama de "luz"], *mas tem sensibilidade para o frio, para o silêncio e para os elementos contrários* [aos do princípio ígneo][22].

E por mais que possa, à primeira vista, soar estranha e até absurda a afirmação de que um cadáver ainda tenha sensação de alguma coisa, para uma reflexão mais profunda resulta, ao invés, totalmente consequente com as premissas parmenidianas. A obscura "noite" (e o frio) na qual se dissolve o cadáver não é o não-ser, ou seja, o nada, mas, como a "luz" (e o calor), é e, portanto, *é ser* e, por isso, também o cadáver de algum modo vive.

5. Aporias estruturais da filosofia parmenidiana

A reconstrução do mundo dos fenômenos deveria, pois, proceder respeitando o supremo princípio, vale dizer, *negando o não-ser e afirmando só o ser*. Contudo, essa tentativa (que através dos escassos fragmentos da segunda parte do poema não podemos mais reconstruir em pormenor, mas só nas linhas gerais acima indicadas) estava destinada, fatalmente, a romper-se nas mãos de Parmênides: uma vez reconhecidas como "ser", *luz e noite* deviam perder qualquer nota diferenciadora e tornarem-se idênticas, porque o ser é sempre e somente "igual", vale dizer, idêntico a si mesmo, e não admite diferenças desta espécie, qualitativas ou quantitativas; e, tal como os dois princípios, todas as coisas derivadas dos princípios deviam fatalmen-

22. Teofrasto, *De sensibus*, 1ss. (= Diels-Kranz, 28 A 46).

te ser absorvidas e perder-se na igualdade do ser. E uma vez reconhecida como ser, qualquer coisa devia ser necessariamente reconhecida, enquanto ser, também como ingênita, incorruptível e imóvel: portanto, no instante mesmo em que Parmênides tentava reconstruir um mundo dos fenômenos de modo plausível, isto é, sem transgredir o seu princípio da verdade, fatalmente o esvaziava de toda a sua riqueza de mundo e o fixava na imobilidade do ser[23].

Se o grande princípio de Parmênides, tal como foi por ele formulado, salvava o ser, perdia os fenômenos. Era preciso que a filosofia, depois de Parmênides e dos eleatas, encontrasse novas vias que permitissem salvar, além do ser, também os fenômenos.

---

23. Petrifica-o como o olho das Górgonas, diz, com belíssima imagem, G. Calogero (nos seus *Studi sull'eleatismo*, Roma 1932, p. 82) falando de Melisso; o mesmo vale para Parmênides.

III. ZENÃO DE ELEIA

1. Nascimento da demonstração dialética

A doutrina de Parmênides suscitaria vivas polêmicas por causa da sua aporeticidade e do seu caráter paradoxal. E os adversários devem tê-la atacado sobretudo nos pontos que mais clamorosamente contrastavam com os dados da experiência, tais como a negação do devir e do movimento e a negação — mais implícita que explícita, porém, efetiva — do múltiplo.

Foi tarefa de um discípulo de Parmênides, Zenão de Eleia[1], defender a doutrina do mestre destes ataques, numa obra, logo tornada famosa, na qual a polêmica revestia uma forma surpreendentemente nova.

Platão, no *Parmênides*, põe na boca de Zenão este juízo sobre a própria obra:

> Certo, Sócrates, mas tu não compreendeste inteiramente a verdadeira intenção do meu escrito. Entretanto, como as cadelas espartanas, vais seguindo e perseguindo as coisas que aí são ditas. E, em primeiro lugar, escapa-te que o meu livro não foi de modo algum escrito segundo as intenções que tu

---

1. Zenão nasceu em Eleia em fins do século VI ou no início do século V a.C. Foi discípulo de Parmênides e, certamente, seu sucessor na Escola. É-nos descrito como um homem de grande coragem. Eis uma das variantes do episódio, que espelha bem o seu caráter, em que Zenão, preso depois de se envolver numa tentativa de depor um tirano, zomba dele: "Zenão foi homem de natureza singular tanto na filosofia, como na vida política: efetivamente são difundidos os seus livros cheios de engenhosidade. Por ter querido depor o tirano Nearco (alguns falam de Diomedonte), foi preso, conforme afirma Heráclides no *Epítome* de Sátiro. Então, submetido a interrogatório acerca dos seus cúmplices e sobre as armas que tinha levado a Lipari, denunciou todos os amigos do tirano, pois este tinha-se proposto reduzi-lo ao isolamento; depois disse que sobre certas pessoas tinha a lhe comunicar alguns segredos ao ouvido, e mordendo-o, não deixou a presa enquanto não foi forçado a punhal [...]" (Diógenes Laércio, IX, 26 = Diels-Kranz, 29 A 1). Outra versão (*ibid.*, 27) refere, ao invés, que teria cortado a própria língua com os dentes e a teria cuspido no rosto do tirano. Portanto, tinha um temperamento tão cáustico quanto a sua implacável dialética. Escreveu provavelmente um único livro, como se deduz do *Parmênides* platônico, no qual se diz também que foi obra composta em jovem idade. Para ulteriores indicações cronológicas e biográficas sobre o nosso filósofo cf. Zeller-Reale, pp. 338-343.

afirmas, escondendo-as, porém, às pessoas, na convicção de alcançar grandes coisas. Aquilo que disseste toca apenas pontos acidentais. Na realidade o meu livro é *uma defesa da doutrina de Parmênides, dirigida contra aqueles que tentaram expô-la ao ridículo*, considerando que, se admitimos que tudo é uno, daí seguem-se muitas consequências ridículas, contrárias à própria tese. Portanto, esse escrito é dirigido contra aqueles que afirmam a multiplicidade das coisas e a eles responde pelas rimas e muito mais, e quer demonstrar isto: *que a tese da multiplicidade das coisas leva a consequências ainda mais ridículas do que as da tese da unidade, quando se examina a coisa de modo adequado*. Com essa intenção polêmica o livro foi escrito por mim quando ainda era jovem, e, quando o escrevi, alguém mo roubou, de modo que não tive nem sequer a possibilidade de decidir se o publicava ou não[2].

À parte a excessiva importância que Platão confere ao problema do uno e do múltiplo (que não era certamente o *tema* por excelência do livro de Zenão, mas *um* dos temas, que, contudo, Platão enfatiza desse modo por ser o tema do seu diálogo), é preciso dizer que a caracterização do método zenoniano é perfeita: o apoio às teses de Parmênides é buscado através da refutação das teses contrárias.

Nasce assim o método de demonstração que, ao invés de provar diretamente determinada tese, partindo de certos princípios, busca prová-la reduzindo ao absurdo a tese contraditória.

Zenão usou este método com uma habilidade tal que maravilhou os antigos. É ainda Platão que, com indiscutível sentido de admiração, embora acompanhado daquela ponta de ironia que lhe era habitual, diz-nos que Zenão

> [...] falava com tal arte que fazia parecer aos ouvintes as mesmas coisas, ao mesmo tempo, semelhantes e dessemelhantes, unas e múltiplas, imóveis e móveis[3].

E Aristóteles considerou-o como o fundador da dialética[4].

2. Os argumentos dialéticos contra o movimento

Os argumentos de Zenão que nos foram transmitidos referem-se ao movimento e ao múltiplo.

---

2. Platão, *Parmênides*, 128 b (= Diels-Kranz, 29 A 12).

3. Platão, *Fedro*, 261 d (= Diels-Kranz, 29 A 13).

4. Cf. Diógenes Laércio, VIII, 57; IX, 25 e Sexto Empírico, *Adv. math.*, VII, 6 (= Diels-Kranz, 29 A 10). Sobre o significado e o valor da dialética zenoniana cf. Zeller-Reale, pp. 349ss.

Famosíssimos se tornaram sobretudo aqueles contra o movimento, que ao próprio Aristóteles custou refutar.

O primeiro argumento, chamado "da dicotomia", sustenta que o movimento é absurdo e impossível, porque um corpo, para alcançar um alvo, deveria primeiro alcançar a metade do caminho a percorrer; mas antes de alcançar aquela metade, deveria alcançar a metade da metade, e antes ainda a metade da metade da metade, e assim ao infinito, porque há sempre uma metade da metade.

Eis a mais clara exposição que os antigos nos transmitiram deste argumento:

> O primeiro argumento é este: se existe o movimento, é necessário que o móvel percorra infinitos espaços num tempo finito; mas isso é impossível; portanto, o movimento não existe. Zenão demonstrava a sua proposição afirmando que o que se move deve percorrer certa distância: mas sendo toda distância divisível ao infinito, o que se move deve primeiro atravessar a metade da distância que percorre e depois o todo. Mas antes de ter percorrido toda a metade da distância, deve atravessar a metade daquela e de novo a metade desta última. Mas se as metades são infinitas pelo fato de que é possível tomar a metade de qualquer distância, é impossível percorrer num tempo finito infinitas distâncias [...]. Então, dado que toda grandeza admite divisões infinitas, é impossível percorrer qualquer grandeza num tempo finito[5].

O segundo argumento, chamado "de Aquiles", sustenta que o movimento é de tal modo absurdo que, se por hipótese nós o concedêssemos, e puséssemos Aquiles de pés-velozes a perseguir uma tartaruga, ele jamais a alcançaria, porque as mesmas dificuldades vistas no precedente argumento se reapresentariam de outra forma: Aquiles deveria primeiro chegar ao ponto em que a tartaruga se encontrava na partida, depois ao ponto em que ela se encontrasse quando ele alcançasse o seu ponto de partida, e depois ainda ao terceiro ponto no qual ela se encontrasse quando ele tivesse alcançado o segundo, e assim ao infinito.

Eis como Aristóteles nos refere o argumento:

> O segundo é o argumento que leva o nome de Aquiles. É o seguinte: o mais lento na corrida jamais será alcançado pelo mais rápido; pois o que persegue deve sempre começar por atingir o ponto donde partiu o que

5. Simplício, *In Arist. Phys.*, 1013, 4ss. Ver ulteriores textos e exegeses em Zeller-Reale, pp. 378ss.

foge. É o mesmo argumento da dicotomia: a única diferença está em que, se a grandeza sucessivamente acrescentada é bem dividida, não é mais em dois. A consequência deste argumento é que o mais lento não é alcançado, mas chega-se a ela pela mesma razão do argumento da dicotomia. (Em ambos os casos, de fato, a consequência é que não se chega ao termo, porque a grandeza é dividida de algum modo; só que no nosso argumento há, ademais, o colorido dramático enquanto o campeão na corrida não pode alcançar o mais lento adversário)[6].

O terceiro argumento é chamado "da flecha" e demonstra que uma flecha, que se crê em movimento, na realidade está parada. De fato, em cada um dos instantes em que é divisível o tempo do voo, a flecha ocupa um espaço idêntico a ela ; mas o que ocupa um espaço idêntico a si está em repouso, portanto a flecha, como está em repouso em cada um dos instantes, assim o está também na totalidade deles.

Eis como Aristóteles e Simplício no-lo referem:

O terceiro argumento [...] diz que a flecha em movimento está em repouso. Este funda-se sobre a premissa de que o tempo é composto de instantes. De fato, se não se admite isso, não se pode fazer o silogismo. Mas Zenão comete um paralogismo: se, de fato — diz ele — toda coisa está, sempre, ou em repouso ou em movimento, e nada se move quando ocupa um espaço igual a si mesmo, e o que move ocupa sempre em todo instante um espaço igual a si, a flecha que se move está imóvel[7].

O argumento de Zenão, partindo da premissa de que tudo o que ocupa um espaço igual a si mesmo ou está em movimento ou está parado, que nada se move no instante e que o móvel ocupa sempre em cada instante um espaço igual a si mesmo, parece desatar-se deste modo: a flecha em movimento, a cada instante ocupa um espaço igual a si mesma, e assim por todo o tempo do seu movimento. Mas o que num instante ocupa um espaço igual a si mesmo não se move, porque nada se move no instante. Portanto, a flecha em movimento, enquanto em movimento, não se move por todo o tempo do seu movimento[8].

O quarto argumento, chamado "do estádio", mostra, ao invés, a relatividade da velocidade e, portanto, do próprio movimento do qual

6. Aristóteles, *Física*, Z 9, 239 b 14ss. (parcialmente reportado em Diels-Kranz, 29 A 26).

7. Aristóteles, *Física*, Z 9, 239 b 30ss. (= Diels-Kranz, 29 A 27).

8. Simplício, *In Arist. Phys.*, 1015, 19ss. Ver ulteriores textos e exegeses em Zeller-Reale, pp. 383ss.

a velocidade é propriedade essencial, e, com esta demonstração da relatividade, exclui a objetividade e a realidade do movimento[9].

E provavelmente um quinto argumento[10] é o que está contido no fragmento 4, no qual se lê:

> O que se move não se move nem no lugar em que está, nem no lugar em que não está[11].

Não se move no lugar em que está, porque, se está no lugar em que está, está parado; não se move no lugar em que não está, porque não está; portanto o movimento é impossível.

3. Os argumentos dialéticos contra a multiplicidade

Análogo procedimento Zenão usava para demonstrar a impossibilidade de que o ser seja múltiplo, isto é, que exista uma multiplicidade de seres[12]. Os principais argumentos tendiam a demonstrar que, para existir a multiplicidade, deveria haver múltiplas *unidades* (a multiplicidade é, justamente, uma multiplicidade de unidades); mas o raciocínio demonstra que tais unidades (que a experiência comum poderia atestar) são impensáveis porque levam a contradições insuperáveis e, portanto, são absurdas e, por isso, não podem existir.

O sentido deste argumento é clarissimamente expresso neste antigo testemunho:

> Zenão de Eleia, polemizando contra os que ridicularizavam a doutrina do seu mestre Parmênides, o qual afirma que o ser é uno, e procedendo em sua defesa, tenta demonstrar que é impossível que realmente exista a multiplicidade. De fato, diz ele, se existe a multiplicidade, pelo fato de esta ser constituída de uma multiplicidade de unidades, é necessário que existam aquelas múltiplas unidades da qual, justamente, a multiplicidade é constituída. Se, pois, demonstramos ser impossível existir

9. Ver textos e exegeses em Zeller-Reale, pp. 391ss.

10. Cf. H. D. P. Lee, *Zeno of Elea*, Cambridge 1936 (19672), pp. 42 e 66.

11. Muitos estudiosos não o consideram um argumento independente, mas somente uma "variante" do terceiro. Ver também Epifânio, *Adv. haeres.*, III, 11 em Diels, *Doxographi Graeci*, p. 590, 20.

12. Para uma pormenorizada exposição dos argumentos com resenha das diferentes exegeses cf. Zeller-Reale, pp. 354-375.

múltiplas unidades, é evidente que resultará impossível a existência da multiplicidade, porque a multiplicidade é composta de unidades. Se é impossível que exista a multiplicidade e se, de outro lado, é necessário que exista ou o uno ou a multiplicidade, porque não é possível que exista a multiplicidade, não resta senão admitir que só existe a unidade [a unidade absoluta do ser] [...][13].

Zenão, a favor desta sua tese geral, aduzia pelo menos quatro argumentos particulares, que vale a pena referir para poder captar plenamente o sentido da sua dialética.

Um primeiro argumento demonstrava que, se os seres fossem múltiplos, deveriam ser, cada um, ao mesmo tempo, *infinitamente pequenos* e também *infinitamente grandes*:

> [...] se os seres são múltiplos, é necessário que sejam ao mesmo tempo pequenos e grandes: pequenos a ponto de não haver absolutamente grandeza [= infinitamente pequenos], e grandes a ponto de serem infinitos [= infinitamente grandes][14].

E, precisamente, cada um dos seres múltiplos, para ser verdadeiramente uno, não deveria ter nem grandeza, nem espessura, nem massa (porque do contrário seria divisível em partes e, portanto, não seria mais uno); mas um uno que fosse assim, pequeno ao infinito a ponto de ser totalmente privado de grandeza, não seria nada, tanto é verdade que, se acrescentássemos este uno a qualquer coisa não a faria crescer e se o subtraíssemos de outra não a faria diminuir, e só o nada produz estes resultados. Por outra parte não é nem sequer possível pensar o uno dotado de grandeza, uma vez que, por pequena que fosse, qualquer grandeza não só, como dissemos, seria divisível em partes, mas divisível em *infinitas* partes, e o que possui infinitas partes deveria ser infinito em grandeza[15].

Um segundo argumento, análogo ao primeiro, demonstra que, admitido que os seres sejam múltiplos, deveriam ser, ao mesmo tempo, finitos e infinitos *em número* (ademais da grandeza), o que é absurdo.

Eis as palavras textuais de Zenão:

---

13. Filopono, *In Arist. Phys.*, 42, 9ss. (= Diels-Kranz, 29 A 21).
14. Diels-Kranz, 29 B 1 (vol. I, p. 255, 21ss.).
15. Cf. Zeller-Reale, pp. 354ss.

Se os seres são múltiplos, é necessário que eles sejam *tantos quantos* são e não mais e nem menos; ora, se são tantos quantos são, devem ser *finitos*. Mas se são múltiplos, os seres são também *infinitos*; com efeito, entre um e outro destes seres existirão sempre outros seres, e entre um e outro destes existirão ainda outros; e assim os seres são infinitos[16].

Um terceiro argumento centrava-se sobre a negação do espaço (que é a condição da existência da multiplicidade), como resulta deste fragmento que nos chegou:

Se existe o espaço, deve encontrar-se nalguma coisa; ora, o que existe nalguma coisa existe num espaço; por consequência, o espaço deverá encontrar-se num espaço, e assim ao infinito. Portanto, não existe o espaço[17].

Um quarto argumento negava a multiplicidade baseando-se no comportamento contraditório que têm muitas coisas juntas com relação a cada uma (ou partes de cada uma) considerada individualmente. Por exemplo, muitas sementes, ao cair, fazem barulho, enquanto uma semente (ou uma parte dela) não faz. Mas se fosse verdade o que atesta a experiência, semelhantes contradições não poderiam subsistir, e um grão (ou parte deste), ao cair, deveria fazer barulho, com a devida proporção, como fazem muitos grãos.

Eis como um antigo testemunho refere o argumento:

Deste modo ele resolve também a questão levantada por Zenão de Eleia, que fazia ao sofista Protágoras as seguintes perguntas:

— Dize-me, Protágoras, faz barulho, ao cair, um grão de trigo, ou a décima milésima parte de um grão de trigo?

E tendo Protágoras respondido que a décima milésima parte de um grão de trigo não faz barulho, ele acrescentou:

— Mas uma medida de grãos de trigo faz barulho ou não, quando cai?

E tendo Protágoras respondido que faz barulho, Zenão continuou:

— Mas não há talvez uma proporção entre uma medida de grãos de trigo e um único grão, e entre o grão e a sua décima milésima parte?

E tendo Protágoras admitido que há, continuou Zenão:

— E não deverá haver as mesmas proporções entre os sons? Como há proporção entre as coisas que produzem sons, assim deve haver também proporção entre os sons; mas se é assim, se a medida de grãos faz barulho,

16. Diels-Kranz, 29 B 3. Para as diferentes exegeses propostas deste argumento cf. Zeller-Reale, pp. 360ss.

17. Simplício, *In Arist. Phys.*, 562, 1ss.; cf. Zeller-Reale, pp. 368ss.

também o grão sozinho faz barulho e assim igualmente a sua décima milésima parte.

Assim argumentava Zenão[18].

4. A importância de Zenão

Os resultados da especulação de Zenão são importantes.

No âmbito do eleatismo, ele contribuiu para deslocar a temática do supremo par de conceitos ser/não-ser, sobre a qual Parmênides tinha-se centrado, para o outro par uno/múltiplo, que terá grandíssima importância na metafísica subsequente. Zenão fez emergir a temática do uno-múltiplo, dialeticamente, Melisso a recuperará sistematicamente.

Além disso, a cerrada polêmica que Zenão conduziu contra as aparências fenomênicas do múltiplo e do movimento, demonstrando a sua intrínseca contraditoriedade, devia tirar estruturalmente qualquer possibilidade de dar-lhes uma plausibilidade mesmo relativa (mesmo a relativa plausibilidade que Parmênides concedeu aos fenômenos), de modo que a *doxa* devia resultar sempre e exclusivamente falaciosa. E também neste caso Melisso levará o discurso zenoniano às extremas consequências, negando sistematicamente (e não só dialeticamente) e declarando puramente ilusório o mundo dos fenômenos.

A dialética zenoniana agiu fortemente muito além da escola eleata, sobre a sofística, sobre o próprio método socrático, sobre os megáricos e, em geral, contribuiu de maneira significativa para a formação das várias técnicas de argumentação e para o nascimento da lógica. A demonstração que será chamada *por absurdo* é, substancialmente, uma descoberta de Zenão.

---

18. Simplício, *In Arist. Phys.*, 1108, 18ss. (= Diels-Kranz, 29 A 29); cf. Zeller-Reale, pp. 374ss.

IV. MELISSO DE SAMOS

1. A sistematização do eleatismo

Melisso[1] pode ser definido como o "sistematizador" do pensamento eleata. Parmênides deixou poeticamente indeterminados alguns dos atributos do ser e, sobretudo, deixou alguns simplesmente afirmados e não deduzidos ou só imperfeitamente deduzidos; e fez até mesmo afirmações contrastantes com os princípios do sistema. Zenão — como vimos — limitou-se a uma defesa indireta e a embasar a doutrina, reduzindo ao absurdo as teses dos adversários. Melisso procurou, ao invés, em límpida prosa, dar forma sistemática à doutrina, deduzir com rigor todos os atributos e corrigir o que não se enquadrava, ou se enquadrava mal, nos fundamentos do sistema.

2. Os atributos do ser e a sua dedução

Melisso entendeu o ser tal como Parmênides o entendeu e, como ele, demonstrou o seu caráter ingênito e a sua incorruptibilidade.

---

1. Melisso de Samos nasceu em torno ao final do século VI ou nos primeiros anos do século V a.C. (como recentemente demonstramos num reexame das fontes: cf. Reale, *Melisso. Testimonianze e frammenti*, Florença 1970, cap. I, *passim*). Foi hábil marinheiro e valente homem político. Em 442 a.C., nomeado estratega dos seus concidadãos, em seguida a uma contenda com Atenas, combateu contra a frota de Péricles e a derrotou. Escreveu um tratado filosófico com o título *Sobre a Natureza ou Sobre o Ser*, no qual sistematizava, de modo agudo e penetrante, a doutrina da escola eleata, que fora poeticamente exposta por Parmênides, dialeticamente (mas negativamente) defendida por Zenão, e que necessitava de uma série de matizações e esclarecimentos. A obra de Melisso quase certamente precede a dos pluralistas e constitui o real e ideal ponto de partida tanto da doutrina empedocliana como da anaxagoriana e da atomista. Se Aristóteles polemiza com Melisso e o julga com severidade, isto deriva de razões estritamente doutrinais: Melisso centrou toda a sua especulação sobre o conceito de *infinito* entendido como o que é absolutamente real, enquanto Aristóteles negou decididamente a realidade e a atualidade do infinito. E se os modernos intérpretes seguiram Aristóteles, cometeram o erro metodológico de trocar o juízo teórico do Estagirita por um juízo histórico. Sobre todos estes problemas ver o nosso ensaio *Melisso e la storia della filosofia greca*, em *Melisso. Testimonianze e frammenti*, pp. 1-268 e *passim*.

Todavia, em lugar de conceber a eternidade desse ser toda recolhida no instante atemporal sem passado e sem futuro, preferiu dilatá-la ao infinito e concebê-la como um "sempre era e sempre será", como se lê no fragmento 1:

> Sempre era o que era e sempre será. Se, de fato, fosse gerado, seria necessário que, antes de ser gerado, não fosse nada: e se, antes, não era nada, por nenhuma razão nada ter-se-ia podido gerar do nada[2].

Muitos estudiosos consideraram que a fórmula melissiana "sempre era o que era e sempre será" reintroduz a temporalidade. Mas não! Melisso entende o ser como rigorosamente não processual, desde sempre e para sempre já totalmente atuado, e com o "sempre era" e "sempre será", ele pretende apenas acentuar as infinitas ramificações do eterno (a própria teologia cristã, para exprimir o conceito do eterno se remeterá, às vezes, à fórmula melissiana)[3].

Mas a novidade maior de Melisso é, sem dúvida, a afirmação de que o ser é *infinito*. Parmênides afirmara o ser *finito*, respeitando o pressuposto (de origem pitagórica e, em seguida, herdado por toda a grecidade) de que o infinito é imperfeito e só o finito é perfeito. Melisso, ao contrário, raciocina assim:

> Uma vez, portanto, que não se gerou, é e sempre era e sempre será, também não tem princípio nem fim, mas é infinito. De fato, se fosse gerado, teria um princípio (teria, com efeito, começado a gerar-se em um certo momento); e um fim (teria, com efeito, terminado de se gerar em um certo momento); mas, dado que não começou e não terminou, era e será sempre, não tem princípio nem fim. Não é, pois, possível que seja sempre o que não é tudo[4].

Aqui a proposição decisiva é a última: enquanto é *tudo*, o ser é eterno e *infinito*. Em termos modernos, dir-se-ia: enquanto é *absoluto*, o ser é in-finito, tanto no sentido da extensão do eterno, como no sentido da extensão do espaço. Além disso, Melisso indicou que, se fosse limitado, o ser deveria confinar com o vazio, isto é, com o não-ser, o que é impensável[5].

---

2. Cf. Diels-Kranz, 30 B 1.
3. Cf. Reale, *Melisso*, pp. 34-65.
4. Diels-Kranz, 30 B 2; cf. Reale, *Melisso*, pp. 60-98.
5. Cf. B 4a; Reale, *Melisso*, pp. 98ss.

Ademais de eterno e infinito, o ser é *uno*. E Melisso inova mesmo ao fixar este atributo, pois, como sabemos, Parmênides afirmou o atributo sem deduzi-lo, e Zenão o fez emergir só dialeticamente. E o ser é uno *porque infinito*, como lemos no fragmento 6 (e este é um dos argumentos que a teologia cristã usará para demonstrar a unicidade de Deus):

> Se é infinito, deve ser uno. De fato, se fosse dois, não poderiam ser infinitos, mas um teria um limite no outro[6].

O ser, ainda mais, como queria Parmênides, é *igual*, é *inalterável,* seja qualitativa, seja quantitativamente, e é *imóvel*. Todas estas características são melhor deduzidas do que em Parmênides, particularmente a última:

> E não existe nenhum vazio: de fato, o vazio é nada; e o que é nada não pode ser. E o ser também não se move; de fato, não pode deslocar-se para algum lugar, mas é pleno. Com efeito, se existisse o vazio, ele poderia deslocar-se no vazio; mas, como não existe vazio, não há para onde ele possa deslocar-se[7].

Enfim, Melisso disse que o ser é *incorpóreo*:

> Se, pois, o ser é, ele deve ser uno. E, sendo uno, *deve não ter corpo*. Sendo uno, *deve não ter corpo*; de fato, se tivesse espessura, teria partes, e, portanto, não seria mais uno[8].

Os estudiosos tiveram muita dificuldade em dar um sentido historicamente correto a esta afirmação melissiana[9]. O ser não tem corpo, não porque seja espiritual, mas porque é *uno-infinito* e, como tal, não é determinado nem por limites internos nem por limites externos, nem pelos limites da "esfera bem redonda" parmenidiana: não ter corpo coincide, pois, com não ter limite, com o ter *grandeza infinita*. Portanto, Melisso *não* é um espiritualista, como alguém sustentou ("sem corpo" tem um significado totalmente diferente de "sem matéria"); mas tampouco é o caso de chamá-lo de materialista, como fizeram outros. Como Parmênides e todos os pré-socráticos, Melisso está ainda aquém da distinção destas categorias, e é historicamente

6. Diels-Kranz, 30 B 5 e B 6; cf. Reale, *Melisso*, pp. 105 e 123.
7. Diels-Kranz, 30 B 7, § 7.
8. Diels-Kranz, 30 B 9.
9. Ver a documentação em Reale, *Melisso*, pp. 193-225.

errado querer julgá-lo em função delas. Tanto isso é verdade que, segundo o modo como se aplicam estas categorias, o ser melissiano (e em geral o ser eleata) aparece ora como espiritual, ora como material; o que demonstra que ele não é, propriamente, nem uma coisa nem outra, ou melhor, que tem características que se situam de uma e de outra parte; prevalecem, em todo caso, as determinações de caráter físico.

3. Eliminação da esfera da experiência e da "doxa"

Uma última novidade de Melisso é a sistemática eliminação do mundo dos sentidos e da *doxa*. Eis o raciocínio melissiano contido no célebre fragmento 8. *a*) As múltiplas coisas que os sentidos nos atestam existiriam verdadeiramente, e o nosso conhecimento sensível seria veraz, sob uma única condição: que cada uma dessas coisas permanecesse sempre tal como nos aparecem pela primeira vez, isto é, sob a condição de que fosse sempre idêntica a si mesma, imutável, ingênita, inalterável, incorruptível; em suma, a multiplicidade seria acreditável só sob a condição de ser tal como é o Ser-Uno. *b*) Ao contrário, com base no nosso conhecimento empírico, constatamos que as múltiplas coisas que são objeto de percepção sensível não permanecem nunca idênticas, mas mudam, são geradas e se corrompem continuamente: exatamente o contrário do que exigiria o estatuto do ser e da verdade. *c*) Portanto, há contradição entre aquilo que, de um lado, a razão reconhece como condição absoluta do ser e da verdade e, de outro, o que os sentidos e a experiência atestam. *d*) A contradição é eliminada por Melisso com a firme negação da validez dos sentidos e do que os sentidos proclamam (porque em substância proclamam o não-ser), em favor daquilo que a razão proclama. *e*) Portanto, a única realidade é o Ser-Uno: o hipotético múltiplo só poderia existir se fosse como o Ser-Uno. Deve-se ter sempre presente esta afirmação para poder compreender os pluralistas:

> Se existisse o múltiplo, deveria ser tal como é o Uno.

Convém ler por inteiro este grande fragmento no qual a audácia do *lógos* eleata alcança o seu zênite:

É, pois, este argumento a mais importante prova de que o ser é apenas um; mas também há as seguintes provas. Se múltiplas fossem as coisas, necessariamente seriam tais como afirmo que é o uno. Pois se há terra, água, ar, ferro e ouro, e um vivo e outro morto, e preto e branco, e todas as demais coisas que os homens dizem ser verdadeiras; se de fato existem essas coisas, e se nós corretamente vemos e ouvimos, necessariamente cada coisa é tal como primeiramente nos pareceu, sem mudar, nem alterar-se, mas sempre é cada uma precisamente como é. Ora, dizemos que vemos, ouvimos e compreendemos corretamente, e parece-nos que o quente se torna frio e o frio, quente; o duro, mole e o mole, duro; o vivo morre e vem a ser o não-vivo; e tudo isso se altera; o que era e o que agora é em nada são semelhantes, mas o ferro, embora seja duro, gasta-se ao contato com o dedo, e o ouro, a pedra e tudo mais que parece ser duro; e de água tanto terra como pedra vêm a ser; assim resulta que não vemos, nem conhecemos os seres. Por conseguinte, essas coisas não concordam entre si. Pois, embora afirmemos que são múltiplas, eternas, dotadas de forma e solidez, tudo nos parece alterar-se e mudar pelo que é visto cada vez. Por conseguinte, é evidente que não vemos de modo correto e é corretamente que aquelas coisas não nos parecem ser múltiplas; pois não mudariam se fossem verdadeiras; mas cada uma seria precisamente tal qual pareceria ser; pois nada é mais forte que o ser verdadeiro. Mas se algo tivesse mudado, então o ser teria perecido e teria nascido o não-ser. Assim, pois, se múltiplas fossem as coisas, necessariamente seriam tais como o uno[10].

Assim o eleatismo termina afirmando um ser eterno, infinito, uno, igual, imutável, imóvel, incorpóreo (no sentido explicado), que exclui qualquer possibilidade de um múltiplo, porque corta pela raiz qualquer pretensão de reconhecimento dos fenômenos.

É claro que o Ser, como o descreveram os eleatas, só pode ser o ser de Deus, isto é, *um ser privilegiado e não todo o ser*; mas os eleatas não puderam distinguir ser de Deus e ser do mundo e, portanto, Deus e mundo, porque "ser", para eles, não podia ter senão um *único sentido*, o sentido integral. Eles só teriam podido sair da aporia distinguindo ser e ser, isto é, distinguindo diferentes significados do ser. Mas, para isso, não estavam ainda maduros os tempos.

Como é sabido, Aristóteles acusou os eleatas em geral, e Melisso em particular, de beirarem a loucura: a loucura da razão, que não

---

10. Diels-Kranz, 30 B 8, §§ 2-6; ver os aprofundamentos dos problemas apresentados por este fragmento em Reale, *Melisso*, pp. 226-252.

pretende reconhecer nada além de si mesma e sua própria lei, rejeitando categoricamente a experiência e os seus dados[11]. Mas, se isso é verdade, é também verdade que o mais conspícuo esforço da especulação sucessiva, seja da especulação dos pluralistas, seja, num nível superior, a de Platão e de Aristóteles, *consistirá justamente na tentativa de pôr limites a esta "loucura", buscando reconhecer as razões da razão e, juntas, as razões da experiência*, ou, o que é o mesmo, buscando salvar o princípio de Parmênides e, ao mesmo tempo, os fenômenos, como veremos.

---

11. Cf. Aristóteles, *A geração e a corrupção*, A 8, 325 a 2 (= Diels-Kranz, 30 A 8; cf. Reale, *Melisso*, pp. 338ss.).

QUINTA SEÇÃO

OS PLURALISTAS E OS FÍSICOS ECLÉTICOS

τὸ δὲ γίνεσθαι καὶ ἀπόλλυσθαι οὐκ ὀρθῶς νομίζουσιν οἱ Ἕλληνες οὐδὲν γὰρ χρῆμα γίνεται οὐδὲ ἀπόλλυται, ἀλλ' ἀπὸ ἐόντων χρημάτων συμμίσγεταί τε καὶ διακρίνεται. καὶ οὕτως ἂν ὀρθῶς καλοῖεν τό τε γίνεσθαι συμμίσγεσθαι καὶ τὸ ἀπόλλυσθαι διακρίνεσθαι.

"*Mas os gregos não consideram corretamente o nascer e o morrer: nada, de fato, nasce ou morre, mas a partir das coisas que são se produz um processo de composição e divisão; assim, pois, deveriam corretamente chamar o nascer, compor-se e o morrer, dividir-se.*"

Anaxágoras, fr. 17.

Rosto atribuído a Demócrito, numa herma bifronte junto com Heráclito (acervo do Louvre, Paris).

I. EMPÉDOCLES

1. Os quatro "elementos"

Empédocles[1] é o primeiro pensador que procura resolver a aporia eleata, tentando salvar, de um lado, o princípio de que nada nasce, nada perece e o ser sempre permanece e, de outro, os fenômenos atestados pela experiência.

Claríssimas afirmações do princípio eleata são, por exemplo, os fragmentos 11 e 12:

Crianças! breve voo têm os seus pensamentos,
estes que creem *que possa nascer o que antes não era,*
ou que alguma coisa pereça e se destrua totalmente[2].
Pois não é possível *que algo surja do que antes não era*
e que pereça o que é, é coisa vã e sem qualquer sentido;
de fato (o ser) sempre será, onde quer que se o deva parar.

---

1. Empédocles nasceu em Agrigento. Diógenes Laércio diz que ele estava na flor da idade na 84ª Olimpíada, isto é, em 444-441 a.C. (Diógenes Laércio, VIII, 74 = Diels-Kranz, 31 A 1). E dado que a mesma fonte (ibid.), sob testemunho de Aristóteles, diz-nos que viveu sessenta anos, chegamos a 483-481 e 424-421 como datas de nascimento e de morte. Mas, posto que outras fontes dão diferentes indicações cronológicas, é prudente ficar no geral e ter como indicativa a data do *floruit* fornecida por Diógenes Laércio, sem pretender determinar as datas de nascimento e de morte (cf. Reale, *Melisso*, pp. 12ss.). Foi homem de personalidade fortíssima e de vastíssimos conhecimentos: nele fundem-se filosofia e misticismo, medicina e magia. Participou também da vida política, militando no partido democrático (cf. Diógenes Laércio, VIII, 63-67 = Diels-Kranz, 31 A 14; Plutarco, *Contra Colote*, 32, 4, p. 1126 b = Diels-Kranz, 31 A 14). As notícias transmitidas por tardias fontes sobre o seu fim, como aquela segundo a qual ele teria desaparecido depois de um sacrifício aos deuses ou aquela segundo a qual ter-se-ia atirado no Etna (cf. Diógenes Laércio, VIII, 67s., 69s. = Diels-Kranz, 31 A 1), pertencem à lenda e são fruto de invenções que respondem a intenções denigratórias. Empédocles escreveu duas obras: um poema *Sobre a Natureza e um Carme lustral (Katharmoí)*, dos quais nos chegaram numerosos fragmentos. [Para a transfiguração romântica do nosso filósofo ver a tragédia de Hölderlin, *Der Tod des Empedokles. Empedokles auf dem Aetna* (1798-1800, póstuma), trad. ital. de F. Borio, Turim 1961].

2. A tradução italiana de todos os fragmentos de Empédocles que citamos é de E. Bignone, *Empedocle*, Milão 1916 (Roma 1963[2]).

Portanto, o "nascer" e o "perecer", entendidos como um vir do nada e um ir ao nada, são impossíveis, porque o *ser* é; todavia, nascer e perecer têm a sua plausibilidade e realidade, se entendidos como *um vir de coisas que são e um transformar-se em coisas que também são.*

Diz o fragmento 8:

> Outra coisa direi: não há *nascimento* de qualquer das coisas
> mortais, nem termo de *morte* funesta;
> mas só *misturar-se* e *dissolver-se* de substâncias mistas
> existe e entre os homens chama-se nascimento.

Nascimento e *morte* são então, respectivamente, *mistura* e *dissolução* de determinadas substâncias *ingênitas* e *indestrutíveis*, isto é, substâncias que permanecem eternamente iguais. Essas substâncias são precisamente quatro: *fogo, água, éter* ou *ar* e *terra.* Substâncias que depois serão chamadas de "os quatro elementos", mas que Empédocles designa poeticamente com a expressão "raízes de todas as coisas", e indica também com nomes de numes, para enfatizar a sua eternidade e, portanto, divindade.

> Saiba, pois, primeiramente que quatro são as raízes de todas as coisas,
> Zeus candente, Hera vivificadora e Aidoneus
> e Nestis que de suas lágrimas destila a fonte mortal[3].

Como se vê, Empédocles acolhe a água de Tales, o ar de Anaxímenes, o fogo de Heráclito e, em certo sentido, a terra de Xenófanes, mas muda substancialmente as precedentes concepções do princípio. De fato, o princípio dos jônicos *transformava-se qualitativamente, tornando-se* todas as coisas; enquanto, em Empédocles, água, ar, terra e fogo permanecem *qualitativamente inalteráveis e "intransformáveis".* Nasce assim a noção de "elemento", como algo *originário e qualitativamente imutável*, capaz apenas de unir-se e separar-se espacial e mecanicamente de outro: e trata-se de uma noção que só podia nascer depois da experiência eleata e em vista de superá-la. E nasce também a assim chamada concepção pluralista, que supera definitivamente a monística visão dos jônicos: a raiz ou o princípio das coisas não é único, mas estruturalmente múltiplo;

3. Diels-Kranz, 31 B 6.

e também o pluralismo é uma perspectiva que só podia afirmar-se, no nível de consciência crítica, depois do monismo radical dos eleatas e em vista de superá-lo[4].

Não é difícil explicar a razão pela qual Empédocles acreditou que eram quatro e não mais ou menos os elementos: de um lado, ele pode ter sido influenciado pela tétrade pitagórica, isto é, pela convicção da natureza privilegiada do número quatro: mas foi certamente determinante a constatação da experiência, que parece atestar justamente que tudo deriva do ar, da água, da terra e do fogo, como vemos no fragmento 21:

> Mas, eis, discerne a prova das palavras que já te disse,
> se é que no que antes disse havia alguma falta na forma dos elementos;
> volta, pois, o olhar para o sol quente de se ver e luminoso em toda parte,
> e quantas são essências ambrosias e se banham de ardor e de chama
> [candente,
> e a chuva, em toda parte friorenta e nebulosa,
> e da terra brota tudo o que é sólido e compacto.

2. O amor e o ódio

Já dissemos que nascimento e morte, segundo Empédocles, são, na realidade, apenas *mistura* e *separação dos quatro elementos*, os quais permanecem qualitativamente imutáveis. Mas o que leva os elementos a unir-se e a separar-se reciprocamente? Por si os elementos ficariam cada um em si mesmo sem misturar-se com os outros; portanto, impunha-se a necessidade de introduzir uma causa ulterior, que Aristóteles denominará causa eficiente ou causa do movimento e que, anteriormente à especulação dos eleatas, não foi observada, mas que, na perspectiva de uma recuperação dos fenômenos (caracterizados exatamente pelo movimento), devia necessariamente elevar-se ao primeiro plano. Empédocles introduz então o amor e o ódio (amizade e discórdia), concebidos como forças cósmicas e, ao mesmo tempo (como, de resto, também os elemen-

4. O sistema dos pitagóricos, de fato, não é, com boas razões, situado no mesmo plano dos sistemas pluralistas, justamente porque os princípios pitagóricos são múltiplos, mas a *multiplicidade enquanto tal* não é considerada em nível temático: só depois de Zenão e Melisso o problema do uno e do múltiplo emerge no nível temático.

tos), como divindades, causas, respectivamente, da união e da separação dos elementos.

Naturalmente, não se pode de modo algum falar de forças espirituais, e os intérpretes em geral compreenderam bem que nos encontramos diante de realidades naturais (como os elementos). O ódio que separa e o amor que une são coeternos como os elementos. Mas, justamente enquanto coeternos e igualmente poderosos, os efeitos do amor e do ódio se anulariam mutuamente e não seriam mais explicáveis os processos de geração e corrupção das coisas, e tudo permaneceria suspenso no estado idêntico, se eles não pudessem de algum modo superar-se mutuamente. Empédocles fala efetivamente da alternância entre o predomínio de uma ou de outra força, em ciclos constantes fixados pelo Destino. E assim, predominando o amor, os elementos se recolhem em unidade; predominando o ódio, separam-se; e entrelaçando-se os influxos do amor e do ódio, nascem as coisas.

Eis, pois, como Empédocles tentou pacificar juntos o *ser* eleata e a *realidade dos fenômenos*, e explicou o *devir*:

> Estas coisas [os elementos e as duas forças] todas são iguais e igualmen
> [te primevas,
> mas cada uma rege a própria honra e cada uma tem o seu caráter,
> e a seu turno predominam no decorrer do tempo,
> e além delas não se acrescenta ou deixa de existir [alguma coisa]
> porque se se destruíssem totalmente já não seriam,
> e o que poderia aumentar esse todo, e de onde viria?
> e onde se destruiriam, pois não há nada ausente delas.
> São, pois, estas que *são*, e passando umas através das outras,
> *tornam-se* ora estas, ora aquelas coisas sempre eternamente iguais[5].

E de modo igualmente claro esta visão é expressa no fragmento 26:

> Em turnos prevalecem [amor e ódio] no recorrente ciclo,
> e entre si se fundem e se somam nas vicissitudes do destino.
> São, pois, estes que *são* [os elementos], e passando uns através dos
> [outros
> *tornam-se* homens e outras estirpes ferinas,
> ora por amizade convergindo em unidade de harmonia,
> ora, ao invés, separadamente, cada um levado pela inimizade da contenda,
> até que depois de terem crescido na unidade do todo, de novo se abismam.

---

5. Diels-Kranz, 31 B 17, vv. 27-35.

Assim, como o Uno surge de muitas coisas
e distinguindo-se o Uno, muitas coisas resultam,
deste modo estas *se tornam* e não é estável a sua vida;
e enquanto não cessam nunca de se transformar
por isso são sempre imóveis no ciclo [do universo].

3. A esfera e o cosmo

Como o leitor terá seguramente compreendido com base no que já dissemos, sobretudo a partir do último dos fragmentos lidos, o nosso cosmo *não* é constituído pelo predomínio do amor, mas do ódio.

Quando prevalece absolutamente o amor, nenhum dos elementos se distingue dos outros; são todos recolhidos juntos e pacificados, de modo a formar uma compacta unidade, chamada por Empédocles de *Uno* ou *Esfera*, que recorda a esfera parmenidiana:

Mas de todas as partes [era] igual e por todas infinita,
Esfera redonda que goza da sua envolvente solidão[6].

Mas, de seu dorso não irrompem duas ramificações,
nem [possui] pés, nem ágeis joelhos, nem fecundas pudendas,
mas esférico era e [de todo lado] igual a si mesmo[7].

Quando prevalece absolutamente o ódio, os elementos são, ao invés, absolutamente separados, e também nesse caso não podem existir um cosmo e as coisas individuais.

O cosmo e as coisas do cosmo nascem, ao invés, nos dois períodos de passagem, que vão do predomínio do amor ao predomínio do ódio e, depois, do predomínio do ódio ao do amor. E em cada um desses dois períodos tem-se um progressivo nascer e um progressivo destruir-se de um cosmo, que, portanto, supõe necessariamente a ação de ambas as forças conjuntamente.

É claro que o amor não é concebido como força que faz simplesmente nascer, e o ódio como força que simplesmente faz perecer: de fato, o amor, ao prevalecer, *dissolve o cosmo,* recolhendo os seus elementos na Esfera indiferenciada, assim como o ódio, inserindo-se

6. Diels-Kranz, 31 B 28.
7. Diels-Kranz, 31 B 29.

na Esfera, põe as premissas do *nascimento do cosmo*; e, ao contrário, o amor *faz nascer* o cosmo recolhendo os elementos depois que foram separados pelo predomínio do ódio, enquanto o ódio *destrói* quando, predominando, tudo revoluciona.

E é também claro que o momento da absoluta perfeição não está no cosmo, mas na Esfera.

4. O conhecimento

Interessantes e em grande parte engenhosas são as observações de Empédocles sobre o modo como nascem os vários seres, sobretudo os seres orgânicos, e como eles vivem e crescem. Mas especialmente interessante é a explicação que ele fornece do fenômeno do conhecimento humano. Das coisas e dos poros das coisas soltamse eflúvios que golpeiam os órgãos sensoriais, e as partes semelhantes dos nossos órgãos reconhecem as partes semelhantes dos eflúvios provenientes das coisas: o fogo conhece o fogo, a água a água, e assim por diante (na sensação visiva o processo é, ao invés, inverso e os eflúvios partem dos olhos, mas o princípio segundo o qual o semelhante conhece o semelhante permanece na base).

Diz expressamente o fragmento 109:

> Pois com terra vemos terra, com água vemos água,
> com éter o éter divino, e com fogo o fogo aniquilante
> com Amor o Amor, com Contenda a dolorosa Contenda.

Também o pensamento é explicado da mesma maneira e com o mesmo princípio, pois Empédocles não distingue, como de resto todos os pré-socráticos, o espiritual do corpóreo; antes, ele expressamente diz no fragmento 105:

> No fluxo do pulsante sangue nutre-se [o coração],
> onde maximamente está o que os mortais chamam de pensamento;
> *pois o sangue que reflui em volta do coração é para os homens o [pensamento.*

Enfim, é muito indicativo o fato de ele atribuir conhecimento e pensamento a todas as coisas sem distinção:

[...] pois saibas que todas as coisas têm conhecimento e de pensamento partilham[8].

5. A alma e o divino

Além de um *Poema físico*, Empédocles compôs um *Poema lustral*, no qual defendia as concepções órfico-pitagóricas que já conhecemos e se apresentava como profeta e mensageiro delas.

O homem, ou melhor, a alma do homem é um demônio que, por causa de uma culpa originária, foi banido do Olimpo dos bem-aventurados, jogado num corpo e ligado ao ciclo dos nascimentos:

Vaticínio do Fado, decreto antigo dos Numes,
sempiterno, com amplos juramentos bem selado,
que se alguém mancha os membros de sangue culpável,
ou impiamente jura, seguindo [a Contenda],
(algum dos demônios que tiveram por sorte longa vida)
vá errante longe dos bem-aventurados por três vezes dez mil estações,
e renascendo no tempo em toda espécie de seres mortais,
mude os dolorosos caminhos da vida.
Porque a força do éter lança-os no mar,
o mar sobre a terra cospe-os, a terra nos turbilhões
do sol luminoso, que os lança nos vórtices do éter:
um do outro os acolhe e todos o odeiam.
Um destes agora sou eu, fugitivo dos deuses e errante,
porque prestei fé à furiosa Contenda...[9].

Porque fui um tempo menino e menina,
arbusto, passarinho e mudo peixe do mar...[10].

De que honra e de quanta grandeza de felicidade,
[aqui entre os mortais me encontro, banido do Olimpo!][11].

Os homens que souberem se *purificar* (e dava regras e prescrições para tais purificações) se encarnarão progressivamente em existências

8. Diels-Kranz, 31 B 110, v. 10. Sobre a doutrina empedocliana do conhecimento ver o amplo testemunho de Teofrasto em Diels-Kranz, 31 A 86.

9. Diels-Kranz, 31 B 115.

10. Diels-Kranz, 31 B 117.

11. Diels-Kranz, 31 B 119.

e em vidas mais nobres, até que, livres de todo o ciclo dos nascimentos, voltarão a ser deuses entre os deuses:

> E por fim vates se tornam poetas e médicos,
> e príncipes entre os homens gerados da terra,
> donde renascem como deuses em honra supremos[12].

E estes terão vida bem-aventurada:

> Entre os outros imortais têm comum morada e mesa,
> de dores humanas privados, incólumes, indestrutíveis[13].

6. As aporias empedoclianas

No passado, os estudiosos discutiram longamente as relações que ligam os dois poemas e, amiúde, chegaram a concluir que eles entram em contradição, não vendo nenhuma possibilidade de conciliar a física do poema *Sobre a Natureza* com a mística do *Carme lustral*[14].

Mas hoje tende-se a redimensionar substancialmente tais conclusões. A física empedocliana é totalmente diferente da física moderna e o naturalismo empedocliano não é o materialismo moderno: vimos, com efeito, que os quatro elementos são considerados divinos e também chamados com nomes de numes, assim como divinos são o amor e o ódio. Ademais, o ciclo do nascer e do perecer do cosmo depende do jogo do ódio e do amor, de maneira análoga ao ciclo do nascimento dos homens individuais, que depende, na sua origem, de um ato de discórdia e de ódio, e na sua conclusão de um ato de amor ou, pelo menos, de um ato de total extinção do ódio. Por isso o naturalismo empedocliano traz desde a origem um caráter místico, e com isso concorda com a mística órfica do *Poema lustral*; em todo caso, a mística órfica é mais conciliável com a física empedocliana do que com a doutrina dos números dos pitagóricos.

---

12. Diels-Kranz, 31 B 146.
13. Diels-Kranz, 31 B 147.
14. Cf. Zeller-Mondolfo, I, 5, pp. 83ss. e as atualizações de A. Capizzi, *ibid.*, pp. 126ss.

De fato, os pitagóricos não conseguiram situar a alma-demônio junto com os números, enquanto Empédocles diz expressamente que tudo deriva dos quatro elementos e do amor e ódio: peixes, feras, pássaros, homens e mulheres e também os "numes longevos".

Depois de ter elencado as quatro "raízes" ou elementos, Empédocles escreve no fragmento 21:

> [estes elementos] todos no ódio tornam-se diferentes de aspecto e sepa
> [rados;
> Unem-se no amor e entre si se desejam,
> porque todos os seres que foram, são e serão,
> germinaram, e árvores e homens e mulheres,
> feras e pássaros e peixes que se criam n'água,
> *e numes longevos em honra supremos*:
> são estes [os elementos] que *são*, e passam uns através dos outros
> *tornam-se* de diferente aspecto: tanto quanto permita a mistura[15].

E as almas são (ou podem ser) estes "numes longevos". Todavia resta (e no nível superior) a aporia de fundo, já encontrada em todos os pré-socráticos que acolheram o orfismo, que consiste substancialmente na *impossibilidade de fazer entrar nos estreitos horizontes da filosofia da natureza* (mesmo entendida como a entende Empédocles) *a concepção de uma alma como estruturalmente diferente do corpo*, de uma alma que deve manter de algum modo a própria individualidade, para que possa expiar a sua culpa original e para que possa gozar o prêmio final, quando se tiver purificado. Mas para resolver esta aporia era preciso conquistar a dimensão do espiritual e do imaterial: e para esta conquista seria preciso a já recordada "segunda navegação" de que fala Platão.

Análogas observações devem ser feitas sobre a concepção do divino própria de Empédocles. Divindades são, para ele, as quatro raízes, o amor e o ódio, e divindades são os "numes longevos" deles derivados, e divindade é a Esfera. Também para Empédocles tudo está cheio de deuses, como já para o primeiro jônico: mas são deuses que, longe de serem diferentes dos princípios da natureza, como para os jônicos, coincidem com eles.

Quando no fragmento 134 Empédocles escreve:

---

15. Diels-Kranz, 31 B 21, vv. 7-14.

Não se adornam os seus membros com cabeça humana
nem do dorso dois ramos irrompem,
pés não têm, nem ágeis joelhos, nem pudendas peludas,
mas só uma sagrada e inefável mente,
que por todo o mundo se lança com velozes pensamentos,

não se refere, como alguém parece ter pensado, a um Deus espiritual, diferente das coisas mencionadas, pois todas as coisas têm pensamento; mas certamente refere-se, como prova a semelhança com o fragmento 29, senão à Esfera, a um dos elementos (por exemplo ao fogo ou ao sol) ou a uma das forças.

Também para superar a concepção naturalista do divino era necessária a "segunda navegação".

II. ANAXÁGORAS DE CLAZÔMENAS

1. As homeomerias

Anaxágoras[1], como Empédocles, tenta manter firme o princípio eleata da permanência do ser e, ao mesmo tempo, dar conta dos fenômenos: e a sua tentativa assinala um indiscutível progresso com relação ao que foi realizado pelo filósofo de Agrigento.

O eleatismo de Anaxágoras emerge com toda clareza no fragmento 17:

> Mas os gregos não consideram corretamente o *nascer* e o *morrer* : nada, de fato, nasce ou morre, *mas a partir das coisas que são* se produz um processo de composição e divisão; assim, pois, deveriam corretamente chamar o nascer, compor-se e o morrer, dividir-se[2].

Mas que são propriamente essas "coisas que são", que se compõem gerando todos os entes e depois se decompõem? Não são somente quatro, como queria Empédocles, mas *infinitas em quantidade e número*. Lemos no fragmento 4:

> [...] é preciso admitir que *muitas coisas e de toda espécie* encontrem-se em tudo o que vem a ser por aglomeração, e *sementes tendo formas, cores e gostos de toda espécie*. E condensaram-se homens e todos os seres vivos [...].

---

1. Anaxágoras nasceu em Clazômenas, provavelmente em torno a 500 a.C., segundo as indicações que fornece Diógenes Laércio, II, 7 (= Diels-Kranz, 59 A 1), das quais se depreende também que o filósofo terá morrido em torno a 428 a.C. Anaxágoras talvez tenha sido o primeiro filósofo que levou a filosofia a Atenas, fazendo-a ali enraizar-se. Permaneceu em Atenas — ao que parece — por uns trinta anos. Alguns estudiosos pensam que estas três dezenas de anos devem-se situar entre 480 e 450, outros entre 463 e 433, ano em que Anaxágoras foi processado em Atenas por impiedade. Mas não é claro que o tempo de permanência em Atenas deva ser necessariamente consecutivo e por isso as duas propostas são suscetíveis de mediação. Foi homem extraordinariamente sábio e amante do conhecimento. Escreveu uma obra em prosa com o título *Sobre a Natureza*, da qual nos chegaram alguns fragmentos particularmente notáveis (para as discussões sobre a cronologia cf. Zeller-Capizzi, pp. 351-357).

2. A tradução dos fragmentos é de D. Lanza, *Anassagora. Testimonianze e frammenti*, Florença 1966.

Essas "sementes" (σπέρματα) são, pois, as qualidades originárias de toda espécie, são *o originário qualitativo*, eleaticamente pensado como imóvel.

Para poder entender corretamente esta afirmação de Anaxágoras, não se pode prescindir da doutrina de Melisso[3], o qual dissera, formulando uma hipótese negativa (uma hipótese de terceiro tipo, ou da impossibilidade, como dizemos em linguagem moderna), que os "muitos" só *seriam* se pudessem *permanecer sempre* tais como cada um deles é, assim como o Ser-Uno eleata permanece sempre idêntico. Pois bem, as sementes anaxagorianas (como já as raízes empedoclianas) constituem precisamente a positiva revolução da hipótese melissiana. Os *muitos*, porém, não são as muitas coisas fenomênicas que aparecem e desaparecem, mas são as "sementes tendo formas, cores e gostos de toda espécie", onde o termo "semente" significa exatamente a originariedade, enquanto os termos "formas (ιδέας), cores e gostos" exprimem as diferentes qualidades dos originário múltiplos.

Estes originários múltiplos qualitativos são, segundo Anaxágoras, ilimitados ou infinitos, como já dissemos. Diz o fragmento 1:

> Juntas estavam todas as coisas [as coisas no sentido de sementes], ilimitadas em quantidade e em pequenez; também o pequeno era de fato ilimitado...

E o fragmento 3 explica:

> De fato, nem do pequeno há o mínimo, mas sempre um menor (o que é, com efeito, não é possível que não seja) — mas também do grande há sempre um maior. E é igual ao pequeno em quantidade. E com relação a si toda coisa é tanto grande como pequena.

O pensamento de Anaxágoras é, pois, este: as sementes não têm limites na sua grandeza, no sentido de que são cada uma e todas qualitativamente ilimitadas e inesgotáveis, e não têm limite na sua pequenez, no sentido de que são cada uma e todas infinitamente divisíveis; é possível dividir qualquer semente (qualquer substância-qualidade, em termos não anaxagorianos) em partes sempre menores, porque não se chega nunca ao nada, que não *é* (o que *é* não pode nunca *não ser*, diz expressamente Anaxágoras, com terminologia fortemente eleata). E compreende-se que as sementes devam ser

3. Cf. Reale, *Melisso, passim*; Calogero, *Storia della logica antica*, p. 263.

ilimitadas também numericamente, além de qualitativamente, embora isto, não tanto pelos fragmentos, seja sugerido por todo o contexto do discurso anaxagoriano.

Estas sementes são comumente denominadas *homeomerias*, vale dizer, coisas que, quando subdivididas, dão sempre como resultado partes ou coisas *qualitativamente idênticas* (se divido um cabelo, obtenho partes de cabelo; se divido o ouro obtenho sempre ouro, etc.: o originário qualitativo, por mais dividido que seja, permanece sempre eleaticamente igual a si mesmo): e tal termo deve ser mantido porque já consagrado por um uso plurissecular, embora não seja certa sua autenticidade (talvez tenha sido cunhado por Aristóteles; pode depor a favor da autenticidade apenas o uso que dele faz Lucrécio: *nunc et Anaxagorae scrutemur homeomerian*)[4].

No início, estas *homeomerias* estavam todas juntas numa mistura originária, na qual cada uma resultava indistinguível:

> Antes que estas coisas se formassem, estando juntas todas as coisas, não era distinguível nem mesmo a cor. Era, de fato, um obstáculo a mistura de todas as coisas, do úmido e do seco, do quente e do frio, do luminoso e do escuro e de muita terra que aí se encontrava, e das sementes ilimitadas em quantidade [...][5].

E da mescla caótica, as várias coisas geraram-se por causa do movimento produzido, como logo veremos, pela divina inteligência. Ademais, todas as coisas que se geraram permanecem sempre misturas: misturas qualitativamente determinadas pelo predomínio desta ou daquela qualidade: e permanecem, cada uma e todas, misturas que contêm, embora em pequeníssima parte, as sementes de todas as coisas que são. "Tudo está em tudo"[6], diz Anaxágoras com frase que se tornou célebre; ou ainda: "Em cada coisa há parte de cada coisa"[7]. Particularmente interessante é o fragmento 10, com o comentário do doxógrafo[8] que o reporta:

> Aceitando a antiga opinião de que nada nasce do nada, Anaxágoras elimina a gênese e introduz a divisão em lugar da gênese. Dizia, com efei-

4. Lucrécio, *De rerum natura*, I, vv. 830ss. (= Diels-Kranz, 59 A 44).
5. Diels-Kranz, 59 B 4.
6. Cf. Diels-Kranz, 59 B 4, B 6, B 10, B 12.
7. Diels-Kranz, 59 B 11.
8. Um escoliasta anônimo.

to, que todas as coisas estão misturadas umas às outras e crescem dividindo-se. Na mesma semente existem, de fato, cabelos, unhas, veias, artérias, fibras e ossos e são invisíveis pela pequenez das partes, mas, crescidos, pouco a pouco se dividem. "Como de fato", diz ele, "poderia produzir-se do que não é cabelo o cabelo, e carne do que não é carne?" E diz isso não só dos corpos, mas também das cores; de fato, encontra-se no branco o preto e no preto o branco, e a mesma coisa com relação aos pesos, considerando que o leve está misturado com o pesado e este com aquele.

Eis por que são possíveis o nascimento, o desenvolvimento e o crescimento das coisas: porque tudo está em tudo e, consequentemente, é possível que tudo nasça de tudo.

Estas proposições resultariam totalmente incompreensíveis fora do contexto da problemática eleata em geral, e da melissiana em particular, como explica muito bem Calogero: "A carne não pode nascer da não-carne, nem o cabelo do não-cabelo, pois o impede o interdito parmenidiano do 'não é', melissianamente ligado a todas as coisas-nomes individuais existentes e, portanto, garantia da sua permanência perene: assim a precisa fisionomia de cada coisa individual encontra-se ao infinito nos seus constituintes, e nos constituintes destes constituintes, mesmo que ao lado destes encontrem-se também os constituintes de outras coisas, cada realidade apresentando, na aparência, a fisionomia dos constituintes que predominam. Esse mundo das 'homeomerias' é, pois, um mundo essencialmente 'formado', um mundo no qual se cristalizam e, por assim dizer, sublimam todas as formas, enquanto todas as infinitas diferenças do real não só são justificadas na sua inumerável variedade, mas até mesmo demonstradas infinitamente mais verdadeiras do que parecem, imensamente mais vasto sendo o universo da sua subsistência, seja no sentido da grandeza, seja no sentido da pequenez"[9].

Nesse mundo, está a salvo o princípio eleata no que se refere à *qualidade*; e, analogamente, a salvo o princípio eleata também no que se refere à *quantidade*: a totalidade das coisas permanece sempre igual, não aumenta nem diminui:

Divididas assim estas coisas, é preciso reconhecer que as coisas no seu conjunto em nada são menores nem maiores (não é, de fato, admissível ser mais que todas as coisas), mas são no seu conjunto sempre iguais[10].

---

9. Calogero, *Storia della logica antica*, p. 268.

10. Diels-Kranz, 59 B 5.

2. A Inteligência divina

Dissemos que as coisas nasceram da mescla originária por causa do *movimento* nelas impresso pela *Inteligência*. Devemos agora determinar qual é a natureza e o papel dessa Inteligência.

Eis como Anaxágoras no-la descreve no belíssimo fragmento 12:

> Todas as outras coisas têm parte de cada coisa, mas a inteligência é ilimitada, independente e não misturada com nada, mas está só em si. Se, de fato, não estivesse em si, mas fosse misturada com alguma coisa, participaria de todas as coisas, se fosse misturada com alguma. Em tudo encontra-se, de fato, parte de todas as coisas, como disse antes, e as coisas misturadas ser-lhe-iam obstáculo, de modo que não teria poder sobre nenhuma, como o tem estando só em si. É, com efeito, a mais sutil e mais pura de todas as coisas e possui pleno conhecimento de tudo e imensa força. E a tudo o que tem vida, as coisas maiores e as menores, a tudo domina a inteligência. E à rotação universal deu impulso a inteligência, de modo que desde o princípio atuasse o movimento rotatório. E primeiro do pequeno iniciou o movimento de rotação, e na direção do grande se desenvolve e se desenvolverá ainda mais. E todas as coisas sendo formadas por composição e por separação e divisão, a todas a inteligência reconheceu, tanto as que deviam ser como as que agora não são, e as que agora são e as que serão, a todas dispôs a inteligência, e a rotação que agora é percorrida pelos astros, pelo sol, pela lua e por aquela parte de ar e de éter que se vai formando. E foi justamente a rotação que provocou o processo de formação. E forma-se por separação do rarefeito o denso, do frio o quente, do tenebroso o luminoso e do úmido e seco. E existem muitas partes de muitos. Completamente, porém, nada se forma, nem se dividem as coisas uma da outra senão pela inteligência. E a inteligência é toda semelhante, a maior e a menor. Mas nenhuma outra coisa é semelhante a nada, pois cada uma é e era constituída pelas coisas predominantes das quais mais participa.

Indiscutivelmente o fragmento contém uma das mais poderosas intuições concebidas e expressas no âmbito da filosofia pré-socrática: a intuição de que o princípio é uma realidade infinita, separada do resto, "a mais fina" e a "mais pura", igual a si mesma e, sobretudo, inteligente e sábia, e que, justamente enquanto tal, move e ordena todas as coisas. E os contemporâneos, sobretudo os filósofos posteriores, deram-se perfeitamente conta de que essa intuição implicava algo verdadeiramente novo.

Porém, não se deve pensar que Anaxágoras já tenha chegado ao conceito do imaterial e do espiritual, como muitos estudiosos modernos pensaram, especialmente sob a influência da interpretação de Zeller, o qual traduz o termo anaxagoriano *Nous* por *Geist*, isto é, *Espírito*, e escreve textualmente: "Não há dúvida de que Anaxágoras pense verdadeiramente num ser incorpóreo; pois só de tal concepção pode resultar a tão enfatizada superioridade do espírito, o seu ser para si, a sua separação, a sua absoluta homogeneidade, o seu poder e a sua sabedoria [...]"[11]. Mas o próprio Zeller se arrepende em parte destas suas afirmações, logo depois de tê-las feito, e as atenua da seguinte maneira: "[...] e mesmo o fato de o conceito de incorpóreo não aparecer muito claramente na sua exposição, não pode ser imputado só à inadequação da sua linguagem, e também o fato de ele ter talvez realmente concebido o espírito como uma matéria mais fina que, movendo-se no espaço, penetra todas as coisas, tudo isso não esconde a sua intenção"[12]. Consequentemente, Zeller sente-se constrangido a falar de "semimaterialismo"[13], o que acaba por contradizer o que dissera antes. E o embaraço de Zeller é ainda mais evidente quando, devendo responder aos estudiosos que negam que no fragmento 12 esteja a descoberta do imaterial, aduz apenas o seguinte argumento: "Anaxágoras, por certo, não teorizou de forma clara e nítida a imaterialidade do *Nous*, mas em todo caso pretende distingui-lo na sua essência de tudo o que é composto"[14]. Mas podemos ver que o argumento não prova nada: o fato de o *Nous* não ser composto não implica absolutamente *eo ipso* a sua imaterialidade: é simplesmente uma matéria que, pela sua natureza privilegiada, pode misturar-se com as outras coisas sem que estas se misturem com ela.

A verdade é que Anaxágoras não possui o conceito do imaterial assim como não possui o conceito do *material enquanto tal*. Como sabemos, por tê-lo encontrado outras vezes nos pensadores precedentes, o horizonte especulativo dos pré-socráticos *ignora as duas categorias de matéria e espírito*, e a introdução destas como cânones hermenêuticos comporta uma fatal inflexão do pensamento

11. Cf. Zeller-Capizzi, pp. 378s.
12. Zeller-Capizzi, p. 379.
13. Zeller-Capizzi, p. 379, nota 55.
14. Zeller-Capizzi, p. 379, nota 55.

daqueles filósofos. Justamente por isso foi observado que com Anaxágoras "o pensamento do divino se afina, mas não consegue separar-se dos seus pressupostos naturalistas"[15]. E acrescentamos — e disso daremos adiante ampla confirmação — que para poder separar-se de tais pressupostos o pensamento devia operar uma autêntica revolução: a que foi realizada pela épica "segunda navegação" de Platão.

3. Aporias de Anaxágoras

O pluralismo de Anaxágoras teve certo eco, mas não teve muitos seguidores. Muitos pontos obscuros se encontravam na doutrina das *sementes* e da *mistura*. De resto, os estudiosos modernos não só não conseguiram superar as dificuldades implicadas nesses conceitos, mas as multiplicaram enormemente. A interpretação que demos foi necessariamente simplificadora e apenas acenou a estas específicas dificuldades (que só poderiam ser discutidas em sede monográfica): todavia podemos dizer, em poucas palavras, que se trata, fundamentalmente, de dificuldades que nascem da pretensão de estender ao múltiplo qualitativo o estatuto do ser eleata: para ser admitido sem cair em aporias, o múltiplo qualitativo exigia, como ensinará Platão, uma espécie de "assassinato de Parmênides", pois o ser eleata estruturalmente aniquila toda diferença.

Já falamos do alcance do conceito de *Nous*. Restam a acrescentar as críticas que Platão e Aristóteles fizeram e que podem ser resumidas nestas breves proposições: Anaxágoras — diz Platão[16] — prometeu explicar as coisas em função do *Nous*, mas depois em grande parte não cumpriu a promessa, continuando a explicá-las fisicamente, como os seus predecessores; Anaxágoras — acrescenta Aristóteles[17] — lembra-se do *Nous* e apela para ele quando não sabe mais sair das dificuldades, e o usa como uma espécie de *deus ex machina*. Mas é claro que Anaxágoras não podia fazer de outro modo:

---

15. C. Carbonara, *La filosofia greca. I Presocratici*, Nápoles 1962², p. 86.
16. Platão, *Fédon*, 97ss.
17. Aristóteles, *Metafísica*, A 4, 985 a 18ss.

o seu *Nous* foi conquistado mais no nível de intuição que de dedução lógica: faltavam-lhe todas as categorias que Platão e Aristóteles possuíam solidamente e que lhes permitiam formular aquelas críticas e fazer o que ele não podia. E eram todas categorias que pressupunham a conquista essencial da "segunda navegação", à qual Platão será levado, como nos diz no *Fédon*, justamente pela desilusão provocada depois da leitura do livro de Anaxágoras.

III. OS ATOMISTAS

1. A descoberta dos átomos como princípio

A doutrina atomista, fundada por Leucipo[1], sistematicamente desenvolvida e levada a êxito pelo discípulo Demócrito[2], assinala a

1. De Leucipo possuímos indicações tão escassas que, como é sabido, chegou-se até a pôr em dúvida a sua existência histórica [cf. E. Rohde, *Verhandl.* d. 34 *Philologenvers.*, 1881, pp. 64ss. (= Rohde, *Kl. Schriften*, 1901, vol. I, pp. 205ss. e 245ss.)]. À parte estes excessos hipercríticos que marcaram época (já Diels dera cabo da tese absurda de Rohde em *Verhandl. d. 35 Philologenvers.*, 1882, pp. 96ss.; in *Rheinisches Museum*, 1887, pp. 1ss.; in *Archiv für Geschichte der Philosophie*, 1888, pp. 247ss.), resta, porém, a objetiva dificuldade de situar cronologicamente nosso filósofo, mesmo aproximativamente. Pode-se razoavelmente conjeturar que tenha sido um pouco mais jovem que Anaxágoras e, portanto, da mesma idade ou pouco mais jovem que Empédocles, se, como nos é testemunhado, pôde ser discípulo de Zenão e de Melisso (cf. Diels-Kranz, 67 A 1, A 4, A 10). Com relação ao discípulo Demócrito, deve ter sido certamente mais velho de alguns lustros. E dado que sabemos com suficiente certeza que Demócrito nasceu em 460 a.C., não será excessivamente arbitrário pensar em 480-475 como possível data de nascimento de Leucipo. Alguns pensam, com boas razões, que a partida de Leucipo da nativa Mileto deve ser situada na época da revolução de 450-449 a.C. De Mileto ele teria ido para Eleia e Abdera, onde fundou a sua escola; em 440 já teria ensinado a Demócrito, então com 20 anos, o atomismo, que pouco a pouco ter-se-ia desenvolvido e fixado através da colaboração entre o mestre e o discípulo. De certo sabemos que em 423 a doutrina de Leucipo era conhecida e difundida, dado que Diógenes de Apolônia, que sofre seguramente os influxos da doutrina atomista, naquele ano era parodiado nas *Nuvens* de Aristófanes. (Ver, sobre isso, o ensaio de V. E. Alfieri, *Per la cronologia della Scuola di Abdera*, em *Estudios* em honra de R. Mondolfo, Tucumán 1957, e agora em *Atomos Idea. L'origine del concetto dell'atomo nel pensiero greco*, Florença 1953, pp. 11ss.). A Leucipo podem ser atribuídas duas obras: *A grande cosmologia* e *Sobre a Inteligência*. Parece muito provável, em todo caso, que as obras de Leucipo tenham acabado por ser absorvidas nas do discípulo, o qual, alcançando uma fama muito grande, acabou, senão por fazer cair em total esquecimento, pelo menos por obscurecer notavelmente a figura do mestre. E assim se explica que possuamos, de Leucipo, além dos testemunhos indiretos, um único fragmento direto, tirado do livro *Sobre a Inteligência*.

2. Demócrito nasceu em Abdera em 460 a.C., ou pelo menos em torno a esta data. Esta é a conclusão do reexame de todos os dados transmitidos, realizado por V. E. Alfieri no já citado estudo *Per la cronologia della Scuola di Abdera*, ao qual remetemos o leitor que deseje ter toda a documentação a respeito. Foi discípulo, na

última tentativa de responder, permanecendo no âmbito do horizonte pré-socrático, às aporias suscitadas pelo eleatismo, buscando salvar o princípio de fundo do próprio eleatismo, sem negar os fenômenos (Leucipo conheceu a problemática eleata perfeitamente: como já dissemos, ele foi discípulo direto de Zenão e de Melisso)[3].

Aristóteles individuou perfeitamente a relação eleatismo-atomismo e expressou-a numa página exemplar, que vale a pena ler, porque constitui um dos documentos mais conspícuos para a reconstrução do pensamento atomista:

> Leucipo e Demócrito explicaram a natureza das coisas sistematicamente, e ambos com a mesma teoria, pondo um princípio conforme com a natureza [dos fenômenos]. Porque alguns dos antigos filósofos [os eleatas] conceberam o ser como necessariamente uno e imóvel: diziam, com efeito, que o vazio é o não-ser, e não podia, portanto, haver movimento, não existindo o vazio separado; nem podia existir a multiplicidade, não havendo nada que separasse as coisas [...]. Leucipo, ao invés, afirma ter encontrado a via de raciocínios que, dando uma explicação de acordo com a percepção sensível, não levasse a negar nem a geração nem a destruição nem o movimento nem a multiplicidade das coisas. Enquanto, de um lado, ele faz concordar a sua doutrina com os fenômenos, de outro, aos que sustentam o Uno porque não pode existir o movimento sem o vazio, ele concede que o vazio é não-ser e que do Ser nada é não-ser, pois o Ser em sentido próprio é absolutamente pleno. Mas esse absolutamente pleno não é uno, antes, um infinito número de corpos, invisíveis pela pequenez do seu volume. E estes corpos estão em movimento no vazio (para ele, de fato, existe o vazio) e reunindo-se, dão lugar à geração e, separando-se à destruição. Eles exercem e recebem ações quando se põem

---

nativa Abdera, de Leucipo e depois seu sucessor na direção da escola. Realizou longas viagens ao Oriente, visitando o Egito, a Ásia Menor e a Pérsia, com finalidade científica, dilapidando quase totalmente os recursos (muito consistentes) deixados por seu pai. Morreu muito velho, alguns lustros depois de Sócrates. São-lhe atribuídos numerosos escritos, cujo elenco se verá nos testemunhos recolhidos em Diels-Kranz sob os números A 31, A 32, e sobretudo A 33; mas, provavelmente, o conjunto destas obras constituía, mais que a produção pessoal de Demócrito, o *corpus* da escola atomista, no qual devem ter sido incorporadas também as obras de Leucipo e, talvez, também as de algum discípulo. Demócrito teve uma cultura quase sem limites. Escreve Zeller com muita propriedade: "Superior a todos os filósofos precedentes e contemporâneos pela validez do saber, à maior parte deles pela agudeza e rigor de pensamento, Demócrito pode ser considerado, pela rara associação das duas qualidades, como o predecessor de Aristóteles, que de fato o cita muito amiúde, utiliza muito as suas opiniões e fala dele com claríssimo respeito" (Zeller-Capizzi, p. 157).

3. Cf. Reale, *Melisso*, pp. 18, 21, 278ss.

em contato: o que é, de fato, a prova de que não são um. E geram as coisas coligando-se e estreitando-se; enquanto daquele Uno "segundo a verdade" não deriva multiplicidade nem da real multiplicidade a unidade, pois isso é impossível; mas como Empédocles e outros dizem que os corpos sofrem modificações através dos poros, assim Leucipo diz que toda mudança e todo efeito sofrido se produz deste modo, vale dizer, pela separação e pela destruição que se determina por meio do vazio, e pelo acréscimo que analogamente se verifica quando nos vazios se insinuam outros sólidos. Aproximadamente também Empédocles deve dizer a mesma coisa que Leucipo. Existem, de fato, sólidos, mas indivisíveis, se é verdade que os poros não são absolutamente ininterruptos. É impossível que sejam ininterruptos: porque não existiria mais outro sólido senão os próprios poros, isto é, tudo seria vazio. Os corpos, portanto, que se põem em contato devem necessariamente ser indivisíveis; e vazios os seus intervalos [...]. Do que se disse, para Leucipo, a geração e a destruição seriam dois processos que se realizam quer mediante o vazio, quer mediante o contato [...][4].

A apresentação de Aristóteles é perfeita e clara. Bastarão, portanto, alguns aprofundamentos e complementos.

Em certo sentido, os átomos de Leucipo estão mais próximos do ser eleata do que os elementos de Empédocles e as homeomerias de Anaxágoras, porque são qualitativamente indiferenciados e, como veremos, só geometricamente diferentes. Portanto, mantêm ainda a igualdade do ser eleata de si para si (igualdade que era, justamente, indiferenciação absoluta). Os átomos são a fragmentação do Ser-Uno eleata em infinitos seres-unos, que aspiram manter o máximo de características do Ser-Uno.

A intuição fundamental do sistema de Leucipo deve ter sido tirada sobretudo do grande fragmento 8 de Melisso: "Se existissem os muitos — dizia Melisso —, estes deveriam ser tais como eu digo que é o Uno"[5]; e, dizendo isso, ele acreditava reduzir ao absurdo o pluralismo no qual os homens acreditam: os muitos, para ser, deveriam ser eternos, porque este é o estatuto do ser: deveriam permanecer sem mudar; ao invés, mudam continuamente e, portanto, não são. E Leucipo voltou contra Melisso o argumento, fazendo daquilo que no Eleata era um raciocínio por absurdo, o fundamento do próprio sistema: os muitos são porque podem ser como o Uno melissiano, podem durar sempre e ser imutáveis, ou seja, ser

4. Aristóteles, *A geração e a corrupção*, A 8, 324 b 35ss. (= Diels-Kranz, 67 A 7).
5. Diels-Kranz, 30 B 8, § 2.

conformes ao supremo estatuto do ser. Não se trata, porém, do múltiplo empírico dado pelos sentidos, mas de um múltiplo ulterior, não perceptível, fundamento e razão de ser do próprio múltiplo sensível. E como o pluralismo empedocliano e anaxagoriano — como vimos — invertia em sentido positivo a hipótese melissiana de uma multiplicidade que mantivesse idêntica a própria *qualidade*, assim o pluralismo dos átomos de Leucipo, ainda mais completamente, realizava em sentido positivo a hipótese de uma multiplicidade que, mantendo idêntica a própria natureza qualitativamente indiferenciada, fosse razão de ser da multiplicidade fenomênica qualitativamente diferenciada[6].

Analogamente, a temática do vazio, do pleno, do movimento e das suas hipotéticas condições contida no fragmento 7 de Melisso, constitui o outro antecedente imediato a partir do qual Leucipo pôde chegar à doutrina do átomo. Em Parmênides encontra-se a temática do pleno, não a do vazio; Melisso desenvolve essa temática, contrapondo dialeticamente pleno e vazio. E, justamente, em termos de pleno e vazio Leucipo construiu sua concepção do átomo e ligou a possibilidade do movimento ao vazio, mais uma vez invertendo a hipótese negativa de Melisso em sentido positivo[7].

Mas devemos esclarecer ainda um ponto fundamental. Aos ouvidos modernos a palavra "átomo" evoca inevitavelmente os significados que o termo adquiriu na moderna ciência, de Galileu à física contemporânea. Pois bem, é preciso despojar a palavra átomo desses significados, se quisermos descobrir o sentido ontológico originário segundo o qual a entenderam os filósofos de Abdera. O átomo dos abderianos traz em si o selo típico do pensar helênico: é átomo-forma, é átomo que se diferencia dos outros átomos pela figura, ordem e posição, é átomo eideticamente pensado e representado. Este ponto foi muito bem esclarecido por Alfieri, numa página exemplar: "[...] quando o nome neutro τὸ ἄτομον não é usado em sentido genérico (a coisa, ou substância indivisível), o termo ἄτομος é sempre feminino e não masculino e *átomos*, neste caso, subentende não οὐσία (substância), pois isso seria anacrônico,

6. Cf. Reale, *Melisso*, pp. 242ss.
7. Cf. Reale, *Melisso*, pp. 179ss.

mas ἰδέα (forma). E isso é atestado positivamente: é-nos dito de modo explícito, por lexicógrafos e doxógrafos aos quais não temos nenhuma razão para não prestar fé justamente neste caso, que Demócrito usava até mesmo o termo ἰδέα, amiúde, senão sempre, para designar o átomo. E o que quer dizer ἰδέα? A etimologia, especialmente na fase histórica da língua grega na qual nos encontramos com Demócrito (mesmo sem querer atribuir gratuitamente o uso do termo 'ideia' a Leucipo, de resto [...] pouco anterior), aqui não deixa dúvida: ἰδέα é o visível. Mas o átomo é invisível, pela sua pequenez, afirmada como consequência da sua indivisibilidade, pois é difícil declarar indivisível o que é perceptível aos sentidos e, portanto, pode ser considerado suscetível de fragmentação em partes. E então, em que sentido ἰδέα, em que sentido visível? Visível, evidentemente, só à visão do intelecto: o intelecto abstrato, que parte do visível corpóreo, indo sempre mais além até onde os sentidos não podem chegar, encontra o seu termo final num mundo quintessenciado e despotenciado, que é a analogia do visível corpóreo. Forma é, pois, o visível geométrico, o que é visível ao intelecto, embora sempre análogo ao sensível e por isso considerado capaz de gerar o concreto sensível. Tal é a "ideia" ou forma, que pode ser concebida por uma filosofia materialista, que não admite nada de imaterial senão o vazio, mas define o vazio justamente como não-ser. Não se encontra afirmação de uma realidade imaterial antes de Platão (e nisso está a grandeza maior de Platão), não existe antes dele distinção entre dois planos da realidade, um material e outro imaterial. No atomismo, com efeito, material e imaterial estão no mesmo plano: são o ser e o não-ser, os dois termos inseparáveis da dialética do pensar, ambos admitidos agora (à diferença do eleatismo) para poder dar razão da experiência. Então, a forma é o visível do intelecto: a materialidade pura enquanto individuada e quantitativamente, mas só quantitativamente, diferenciada. Antes da ideia platônica, que é qualidade, imaterialidade e finalidade, existe a ideia democritiana, que é quantidade, materialidade e necessidade. Mas é interessante que tanto o materialismo como o idealismo, tanto Demócrito como Platão, definam como ἰδέα a realidade mais verdadeira, aquela que está além das aparências e ilusões de uma experiência acrítica e aproblemática. Ἄτομος ιδέα é a primeira afirmação da individualidade, da substancialidade do ser individual, na filosofia grega: nisso está a grandeza de Demócrito"[8].

2. Átomos, movimento mecânico e necessidade

Dos átomos qualitativamente iguais, quantitativa e geometricamente diferenciados, derivam todas as coisas que são, todas as suas afecções, qualidades e estados. Enquanto Empédocles e Anaxágoras derivavam as qualidades visíveis de originárias diferenciações qualitativas das sementes, os atomistas derivam todas as determinações qualitativas fenomênicas de determinações quantitativas geométricas. Nasce, assim, a primeira distinção entre aquelas que serão chamadas pela filosofia moderna de "qualidades primárias" e "qualidades secundárias": as primeiras são as qualidades geométrico-mecânicas que caracterizam os átomos, as segundas são fenomênicas manifestações derivadas do encontro dos átomos, assim como da relação das coisas com os nossos sentidos.

Já vimos que, analogamente ao que disseram Empédocles e Anaxágoras, nascimento e morte, geração e corrupção são negados como tais pelos atomistas: o nascer é um agregar-se dos átomos, o morrer é um desagregar-se ou dissociar-se do composto atômico, sem que em tais processos nada derive do nada ou termine no nada. Mas o que leva os átomos a agregar-se e depois a desagregar-se?

Empédocles e Anaxágoras — como vimos acima — tematizaram cuidadosamente uma nova "causa", a que Aristóteles chamará de causa eficiente ou causa da qual tem origem o movimento, o primeiro introduzindo o amor e o ódio como forças cinéticas, o segundo introduzindo a Inteligência. De resto — e isso também vimos — se os físicos anteriores a Parmênides puderam ou não falar expressamente dessa causa, ou falar dela de modo vago, isso não era mais possível depois das drásticas negações de toda forma de movimento do eleatismo, sobretudo em pensadores que programaticamente tentavam recuperar o mundo fenomênico do qual o movimento é a

8. Alfieri, *Atomos Idea*, pp. 52ss.

característica de fundo. Pois bem, a resposta dos atomistas ao problema diferencia-se tanto da resposta de Empédocles, ainda grávida de elementos imaginativos, como da novíssima (mas apenas intuitivamente conquistada) resposta de Anaxágoras: o movimento não deriva senão do movimento, enquanto os átomos estão originária e eternamente em movimento pela sua própria natureza.

Porém, como se deve conceber mais exatamente esse movimento? Zeller sustentou uma interpretação, que se tornou canônica, segundo a qual o movimento originário dos átomos seria o da queda gerada pelo seu peso; do movimento de queda ter-se-ia originado depois o movimento vorticoso e, deste, o mundo[9]. Mas os estudos posteriores a Zeller esclareceram que esta não é a opinião original dos abderianos, mas do atomismo dos epicuristas[10]. *a*) O movimento originário dos átomos, o movimento pré-cósmico, devia ser concebido como um deslocar-se e girar em todas as direções, como a poeira atmosférica que vemos em suspensão através dos raios de sol entrando por uma janela. *b*) Diferente deste era pensado o movimento cosmogônico, que leva à constituição do mundo, que é um movimento vorticoso, o qual "se produz quando, pela presença de um vazio de considerável grandeza, tem-se o afluxo e a concorrência de átomos de várias formas e diferentes pesos no espaço livre: essa concorrência de elementos materiais de massa diferente produz um movimento turbinoso, no qual, operando a lei primária da agregação que é a da atração do semelhante para o semelhante, o vórtice age à guisa de bateia, de modo que os elementos mais pesados dispõem-se no centro do vórtice, os menores são atraídos pelo vazio exterior [...]"[11], e assim forma-se o cosmo. *c*) Enfim, há também um movimento dos átomos no cosmo formado, que consiste em átomos que se libertam dos agregados atômicos e formam os eflúvios (como, por exemplo, os eflúvios dos perfumes).

Compreende-se que, sendo infinitos os átomos, infinitos devem ser também os mundos por eles constituídos, mundos diferentes, mas às vezes também idênticos: mundos que nascem, desenvolvem-se e, enfim, se corrompem, sem termo.

9. Cf. Zeller-Capizzi, pp. 187-208.
10. Cf. sobre isso Alfieri, *Atomos Idea*, pp. 78ss.
11. Cf. Alfieri, *Atomos Idea*, p. 84.

Os cosmos e as coisas contidas em todos e em cada um deles, da maior à menor, segundo os atomistas, são produzidos *unicamente pelos átomos e pelo movimento*: portanto, tudo se explica de modo rigorosamente mecânico e necessário.

Curiosamente, Leucipo e Demócrito passaram à história, como é sabido, como aqueles que afirmam o mundo "por acaso", justamente contra o que era não só a sua intenção, mas também o efetivo significado da sua especulação. Será, portanto, oportuno deter-nos em alguns pontos da questão. Foi-nos transmitido que Demócrito costumava dizer que preferia encontrar uma única *explicação causal* de qualquer fenômeno do que apoderar-se do reino dos persas[12]: e nada melhor que este testemunho para explicar a atitude mental dos abderianos. Para eles tudo é resultado preciso de determinada causa: nada acontece e nada é pensável sem a sua causa. Portanto, tudo acontece segundo uma *rigorosa necessidade.*

Leucipo, como nos transmite Aécio, reportando-nos o único fragmento textual que nos chegou do filósofo, proclamava expressamente a necessidade universal:

> Leucipo diz que tudo acontece conforme a necessidade e que esta corresponde ao fato. Diz, com efeito, no seu livro *Sobre a Inteligência*: "Nada se produz sem motivo, mas tudo com uma razão e necessariamente"[13].

E o mesmo sustentava Demócrito, como Diógenes Laércio nos refere:

> Tudo se produz conforme a necessidade, pois a causa das formações de todas as coisas é o movimento vorticoso que ele [Demócrito] chama exatamente de necessidade[14].

E a natureza da necessidade, para Demócrito, segundo o que nos refere Aécio, consistia

> [...] na impenetrabilidade, no movimento e no choque da matéria[15].

Por que, então, julgou-se que Demócrito "põe o mundo por acaso"? *Acaso*, neste contexto, não significa o contrário de *causa* em

12. Cf. Diels-Kranz, 68 B 118.
13. Diels-Kranz, 67 B 2.
14. Diógenes Laércio, IX, 45 (= Diels-Kranz, 68 A 1).
15. Diels-Kranz, 68 A 66.

geral, mas *o contrário de uma espécie particular de causa* ou, melhor ainda, de uma das que serão as quatro causas aristotélicas, ou seja, *o contrário da causa final*. O juízo significa, portanto, não que os abderianos tenham negado que o mundo tenha causas, mas só que tenha *causas finais*. Evidentemente trata-se de um juízo que pressupõe as ulteriores aquisições platônicas e aristotélicas.

Mas este esclarecimento permite-nos dizer ainda outra coisa: os atomistas *não* negaram a causa final, porque esta ainda não tinha sido descoberta e explicitada (Anaxágoras, contemporâneo de Leucipo, tinha, sim, com o seu *Nous*, entrevisto o problema da causa da ordem, mas não o tinha levado adequadamente à consciência crítica): portanto, a causa final não podia ser conscientemente negada porque ainda não tinha chegado a um nível temático na especulação. Ademais, a lúcida e rigorosa dedução do sistema atomista, justamente na tentativa de explicar tudo exclusivamente com aqueles dois princípios (átomos e movimento), fez compreender claramente o que faltava àqueles princípios: vê-se com clareza que do *caos* atômico e do movimento caótico não era estruturalmente possível nascer um *cosmo*, se não se admitia também o inteligível e a inteligência. O mérito desta descoberta será de Platão: mas é certo que Platão pôde afirmar tão rigorosamente a necessidade da causa teleológica, justamente porque pôde se beneficiar da radical experiência redutiva do adversário Demócrito.

3. O homem, a alma, o divino

Como qualquer forma de mecanicismo, também o pensamento atomista revela as suas insuficiências sobretudo na explicação dos organismos, em particular do homem, da sua vida e do seu conhecimento. O corpo humano, como todas as outras coisas, é constituído de um encontro de átomos, e assim, naturalmente, também a alma. A alma, que é o que dá a vida e também o movimento ao corpo, é constituída de átomos mais sutis que os outros, lisos e esferiformes, de natureza ígnea. Estes átomos propagam-se por todo o corpo, e assim o vivificam. Pela sua sutileza, eles tendem também a sair do corpo, mas com a respiração são sempre reintegrados todos aqueles átomos ígneos que conseguem sair. Cessando a respiração, advém a morte, e todos os átomos ígneos que estavam no corpo se dispersam.

A alma é, pois, da mesma natureza do corpo, e, portanto, mal se explica a sua superioridade sobre o corpo, que Demócrito, todavia, sustenta de vários modos, chegando mesmo a admoestar, como veremos melhor adiante, a cuidar da alma e não do corpo, a buscar os bens da alma, divinos, e não os do corpo, humanos. Os átomos da alma têm a forma mais perfeita, mas são sempre *qualitativamente* iguais a todos os outros átomos. Em todo caso, dada a privilegiada posição que no sistema atomista se atribui aos átomos da alma, explica-se bem que eles sejam chamados *divinos,* e que neles, mais que nas outras coisas, seja visto o divino: "principia mentis quae sunt in eodem universo deos esse dicit"[16], refere Cícero. E os "principia mentis" são os ígneos átomos da alma com os quais a mente e o pensamento coincidem. Como todos os predecessores, também os atomistas identificaram o divino com o que há de mais elevado no seu sistema[17].

4. O conhecimento

Átomos e movimento explicam também o conhecimento.

Das coisas emanam, como sabemos, eflúvios de átomos, que chegam ao contato com os sentidos e geram desse modo sensação e conhecimento. O contato dos átomos, que, através do eflúvios, chegam das coisas aos sentidos, permite que os átomos semelhantes fora de nós impressionem os átomos semelhantes em nós, agindo o semelhante sobre o semelhante, como já Empédocles dissera.

Demócrito, com base no seu naturalismo, não podia contrapor *sensação* a *conhecimento inteligível*, e dificilmente podia também distinguir um do outro no nível crítico. Todavia, ele considerou a sensação como subjetiva e obscura, e só o conhecimento intelectivo como conhecimento genuíno, isto é, capaz de nos conduzir ao fundamento das coisas. Diz o fragmento 9 e o relativo contexto no qual Sexto Empírico no-lo apresenta:

---

16. Cícero, *De nat. deorum*, I, 43, 120 (= Diels-Kranz, 68 A 74).

17. A concepção democritiana do divino é, ademais, muito complexa: ver a exaustiva análise do problema em Alfieri, *Atomos* Idea, pp. 164ss.

Demócrito às vezes refuta as aparências sensíveis e diz que nelas nada nos aparece conforme a verdade, mas só conforme a opinião, e que o verdadeiro nos objetos consiste em que estes são átomos e vazio. De fato, ele diz: "Opinião (é) o doce, opinião o amargo, opinião o quente, opinião o frio, opinião a cor; verdade, os átomos e o vazio"; vale dizer: considera-se e opina-se que existam as qualidades sensíveis, mas na verdade não existem, mas somente os átomos e o vazio. Nos *Livros probatórios*, depois, embora tivesse prometido atribuir valor de credibilidade à sensação, também não se encontra que ele as condene. Diz, com efeito: "Nós, na realidade, não conhecemos nada que seja invariável, mas só aspectos mutáveis segundo a disposição do nosso corpo e do que nele penetra ou lhe resiste".

E no fragmento 11, que transcrevemos com o relativo comentário de Sexto Empírico, diz:

Nos *Cânones* [Demócrito] afirma que existem dois modos de conhecimento, mediante os sentidos e mediante a inteligência: e chama genuíno o conhecimento mediante a inteligência, reconhecendo a esta a credibilidade em julgar o verdadeiro, enquanto ao outro dá o nome de obscuro, negando-lhe a segurança em conhecer o verdadeiro. Diz textualmente: "Há duas formas de conhecimento, um genuíno e outro obscuro; ao obscuro pertencem todos esses objetos: visão, audição, olfato, gosto e tato. A outra forma é genuína, e os objetos desta são escondidos [ao conhecimento sensível ou obscuro]". Depois, mostrando a superioridade do conhecimento genuíno sobre o obscuro, prossegue dizendo: "Quando o conhecimento obscuro não pode mais alcançar um objeto menor, nem com a vista nem com o ouvido nem com o olfato nem com o gosto nem com a sensação do tato, mas deve dirigir a pesquisa ao que é ainda mais sutil, então socorre-lhe o conhecimento genuíno, como o que possui justamente um órgão mais fino, apropriado para pensar".

Essas distinções são conformes com a experiência interior, porém contra os princípios do atomismo: de fato, para serem justificadas no nível crítico, precisam de categorias que só com Platão serão conquistadas.

5. A ética democritiana

De Demócrito chegaram-nos numerosos fragmentos de caráter ético. A particular presença da temática moral em Demócrito explica-se bem, se temos presente que ele vive na época socrática. Contudo, ele está muito longe de saber fundar filosoficamente um discurso moral: ele permanece aquém da filosofia moral, quase totalmente na dimensão espiritual dos pré-socráticos.

Demócrito considera a felicidade o fim da vida, e faz consistir a felicidade não nos prazeres do corpo, mas nos da alma:

À alma pertencem a felicidade e a infelicidade[18].

A felicidade não consiste nos rebanhos nem no ouro; a alma é a morada da nossa sorte[19].

Quem prefere os bens da alma escolhe o que tem valor mais divino, quem prefere os bens do corpo, escolhe os bens humanos[20].

Os homens não se tornam felizes nem pelos dotes físicos nem pela riqueza, mas pela retidão e pela prudência[21].

Portanto, Demócrito exalta a vitória do homem sobre os próprios desejos sensíveis, considerados inferiores, e exalta o autodomínio:

Valoroso não é só o que vence os inimigos, mas também aquele que sabe dominar os próprios desejos. Há homens que dominam sobre cidades e são escravos das mulheres[22].

Ele exalta, ademais, não só a justiça e o bem, mas também a vontade do bem:

Verdadeira bondade não é o simples fato de não cometer ações injustas, mas o não querer cometê-las[23].

Afirma, por consequência, que é preciso manter-se longe do mal, não por temor de perder a reputação dos outros, mas por respeito a si próprio:

Não nos devemos envergonhar mais diante dos homens que diante de nós mesmos; e não se deve fazer o mal mais facilmente quando ninguém virá a saber do que quando todos saberão; mas é preciso envergonhar-se sobretudo diante de si próprio e imprimir-se na alma esta norma, nada fazer de inconveniente[24].

---

18. Diels-Kranz, 68 B 170.
19. Diels-Kranz, 68 B 171.
20. Diels-Kranz, 68 B 37.
21. Diels-Kranz, 68 B 40; cf. também B 105.
22. Diels-Kranz, 68 B 124.
23. Diels-Kranz, 68 B 62.
24. Diels-Kranz, 68 B 264.

Abstém-te das culpas não por medo, mas porque se deve[25].

Não digas e não faças nada de mal, embora estejas sozinho; mas aprende a envergonhar-te muito mais diante de ti mesmo que diante dos outros[26].

Previne contra a inveja, o ódio, os vícios em geral. E, se é autêntico o fragmento que segue, faz também profissão de cosmopolitismo:

Todo país da terra está aberto ao homem sábio: porque a pátria da alma virtuosa é todo o universo[27].

Este é um pensamento que sobretudo os sofistas e os socráticos fundarão e difundirão.

Como se vê, também por estas citações, os pensamentos morais de Demócrito não se distanciam, na forma, do procedimento sentencioso dos poetas e dos sete sábios, e, na substância, não concordam com a ideia de fundo do sistema, que faz do homem um mero agregado mecânico de átomos materiais. Estes pensamentos permanecem aquém da filosofia moral. Para que pudesse surgir a filosofia moral, a especulação devia, antes, mudar radicalmente o próprio eixo da sua problemática: e esta mudança só poderá ser operada pelos sofistas e por Sócrates, tal como logo veremos.

25. Diels-Kranz, 68 B 41.
26. Diels-Kranz, 68 B 244.
27. Diels-Kranz, 68 B 247.

IV. OS FÍSICOS ECLÉTICOS

1. O fenômeno do ecletismo físico e a involução da filosofia da natureza

Fecham a série dos físicos alguns pensadores que a moderna historiografia filosófica qualificou como "ecléticos". A qualificação é só parcialmente adequada, porque é, sem dúvida, verdade que se trata de pensadores que extraem os elementos da sua especulação de mais de um dos filósofos que examinamos, com evidente intenção de fundir e mediar as suas instâncias.

Todavia é igualmente verdade que se trata de pensadores aos quais (ao menos pelo que deles refere a antiga tradição) escapou quase por inteiro o sentido da revolução operada por Parmênides e pelo eleatismo e, por consequência, também o sentido das sucessivas propostas dos pluralistas, os quais, de modo diverso, tentaram resolver exatamente as aporias que o eleatismo deixou como herança ao pensamento filosófico.

Foi justamente a não compreensão das aporias eleatas e da urgente necessidade de resolvê-las que induziu os físicos ecléticos a retornar ao "monismo", julgando de modo negativo o "pluralismo". Eles quiseram, em substância, voltar a posições da especulação jônica, e, portanto, à *afirmação da unidade e até mesmo da unicidade do Princípio*, embora acolhendo também ulteriores conquistas especulativas, que, porém, não afetassem este princípio fundamental ou que, em todo caso, não supusessem instâncias pluralistas.

Assim, Hípon[1] repropôs um retorno a Tales, e sustentou que a água é o princípio de todas as coisas[2], mas assumiu também o fogo

---

1. As nossas fontes não são concordes em indicar o lugar de origem de Hípon. Segundo alguns foi Samos (cf. Diels-Kranz, 38 A 1), segundo outros Metaponto (cf. Diels-Kranz, 38 A 16), segundo outros ainda Reggio (Diels-Kranz, *ibidem*), enfim segundo outros Crotona (Diels-Kranz, 38 A 11).

De uma indicação assinalada por Bergk contida num escólio às *Nuvens* de Aristófanes (reportado em Diels-Kranz, 38 A 2) extrai-se que Hípon deve ter estado em atividade na época de Péricles.

2. Cf. Diels-Kranz, 38 A 4; A 6, A 8, A 10, A 11 etc.

heraclitiano, que, segundo ele, é gerado pela própria água, mas depois "venceu a força do elemento gerador e compôs o cosmo"[3].

Outros[4], ao invés, puseram como princípio gerador "um elemento mais denso que o fogo ou mais sutil que o ar"[5], ou "um elemento mais sutil que a água, porém mais espesso que o ar"[6] e o conceberam, jonicamente, como infinito[7]. E aqui é evidente a tentativa de mediar Heráclito e Anaxímenes, de um lado, Tales e Anaxímenes, de outro.

Mas não eram certamente estes inócuos esforços de mediação entre posições já definitivamente superadas que podiam restituir vida à filosofia da natureza, então no extremo de suas forças. Já os antigos, de fato, estavam perfeitamente conscientes da escassíssima importância de Hípon, julgado por Aristóteles de maneira decididamente negativa[8], e dos outros ecléticos dos quais falamos (aos quais Aristóteles faz alusão sem sequer mencionar o nome)[9].

O nosso interesse por esses físicos restringe-se, de fato, a uma única figura de pensador, Diógenes de Apolônia (do qual chegaram, além de testemunhos indiretos, alguns significativos fragmentos), e não pela sua tentativa de retornar ao monismo, mas pela exploração sistemática da descoberta anaxagoriana do *Nous*, da Inteligência, pelos motivos que logo veremos.

---

3. Hipólito, Ref., I, 16 (= Diels, *Doxographi graeci*, p. 566 = Diels-Kranz, 38 A 3).

4. Não temos condições de identificá-los com absoluta exatidão. Os estudiosos pensam que se trate de Ideo de Emera, e a ele, embora de maneira conjetural (cf. Diels-Kranz, 63, vol. II, p. 51) referem ambas as afirmações que reportamos (cf. também Zeller-Mondolfo, I, 2, pp. 257ss.). Na verdade, Sexto Empírico, que nomeia expressamente Ideo de Emera (*Adv. math.*, IX, 360 [= Diels-Kranz, 63, vol. II, p. 51, 1-3]), situa-o, junto com Diógenes de Apolônia e Arquelau, do qual falaremos, entre os sustentadores da tese segundo a qual o ar é o princípio. De resto, neste caso, mais que o nome, interessam as afirmações.

5. Aristóteles, *Metafísica*, A 7, 988 a 23ss. (= Diels-Kranz, 63, vol. II, p. 51, 5ss.).

6. Aristóteles, *Do céu*, Γ 5, 303 b 10ss. (Diels-Kranz, 63, vol. II, p. 51, 9ss.).

7. Cf. Diels-Kranz, 63, vol. II, p. 51, 11 e 26.

8. Cf. Aristóteles, *Metafísica*, A 3, 984 a 3ss. (= Diels-Kranz, 38 A 7); Idem, *Da alma*, A 2, 405 b 1ss. (= Diels-Kranz, 38 A 10).

9. Cf. supra notas 4-6.

2. Diógenes de Apolônia e o seu significado histórico

As razões que levaram Diógenes[10] a não aceitar o pluralismo e a retornar ao monismo são-nos bem conhecidas por um fragmento que nos chegou e por um testemunho aristotélico: se, pensa Diógenes, os elementos fossem múltiplos, e cada um, pela própria natureza, fosse diferente dos outros e não fosse derivável dos outros, nem transformável nos outros, então eles (e as coisas derivadas de cada um deles) não poderiam estruturalmente (dada a sua diferença de natureza) misturar-se entre si, e nem mesmo poderiam sofrer recíprocas afecções; em outros termos: um não poderia nem fazer dano nem beneficiar aos outros nem, vice-versa, receber benefício ou dano dos outros, e, enfim, seria igualmente impensável que da terra nascessem plantas e animais. Para que tudo isso seja possível, o elemento ou princípio original deve ser único e todas as coisas devem derivar por alteração e transformação do mesmo princípio.

Eis as palavras literais de Diógenes:

> Para dizer tudo em poucas palavras, parece-me que todas as coisas existentes sejam por alteração do mesmo, antes, sejam o mesmo. E isso é claro: porque, se as coisas que são agora neste mundo, terra e água e ar e fogo e todas as outras coisas que neste mundo existem, se, digo, alguma destas fosse outra das outras, e outra por sua própria natureza, e não fosse uma forma do mesmo, que se transforma e muda, as coisas não poderiam nunca nem misturar-se entre si, nem beneficiar nem fazer dano uma à outra, e da terra não poderiam nascer nem plantas nem animais nem qualquer outra coisa, se não fossem, quero dizer, compostas de modo a ser o mesmo. Antes, todas essas coisas nascem do mesmo, como sempre variadas modificações dele, e a ele retornam[11].

E eis o testemunho paralelo de Aristóteles:

---

10. Diógenes de Apolônia viveu no século V a.C. Aristófanes fala dele nas *Nuvens* (que é de 423 a.C.), e, naquela época, Diógenes devia ser ainda vivo, porque, como regra geral, os cômicos gregos caricaturavam pessoas vivas. Se, depois, se tem em conta também o testemunho de Teofrasto (Diels, *Doxographi graeci*, p. 477 = Diels-Kranz, 64 A 5), que nos informa de que o pensamento de Diógenes de Apolônia, além das doutrinas de Anaxágoras, foi influenciado também pelo atomismo, que é mais recente, pode-se verossimilmente concluir que o nosso filósofo deve ter exercido a sua atividade entre 440 e 423 a.C.

11. Diels-Kranz, 64 B 2.

É preciso dizer que todas as coisas originam-se do uno. E isto o diz Diógenes, quando observa que, se todas as coisas não fossem o uno, não seria possível que agissem uma sobre a outra e sofressem uma da outra, que o quente, por exemplo, se tornasse frio e o frio, por sua vez, se tornasse quente. Porque não é o calor que se converte em frio ou o frio que se converte em calor, mas, evidentemente, é o substrato[12].

Este princípio, porém, para Diógenes não é um *intermédio* entre ar e água ou fogo, mas, como para Anaxímenes, é *ar*, como os testemunhos e fragmentos amplamente nos informam. E, precisamente, "ar infinito"[13]. O ecletismo de Diógenes manifesta-se, pois, em outra direção, e, justamente, na tentativa de fazer coincidir o ar de Anaxímenes com o *Nous* de Anaxágoras, afirmando que este princípio-ar "é dotado de muita inteligência"[14].

Foi exatamente esta identificação da Inteligência com o ar que permitiu a Diógenes, embora de maneira física e, por mais de uma razão, problemática e aporética, explicar pela Inteligência todos os fenômenos do universo, os quais, como não podiam senão derivar e, portanto, ser explicados pelo único princípio-ar, assim também não podiam não derivar e, portanto, ser explicados pela Inteligência coincidente com o ar.

Eis as textuais palavras de Diógenes:

> Não poderia [o ar] distribuir-se, se não tivesse inteligência, de modo a fazer que exista para cada coisa uma mistura, para o inverno e para o verão, para a noite e para o dia, e para as chuvas e para os ventos e para o sereno. E também o resto, quem quiser pensar, encontrará que é disposto do melhor modo possível[15].

E no fragmento 5 lemos:

> Parece-me ser dotado de inteligência aquilo que os homens chamam de ar, e que ele dirige e governa tudo. Porque parece-me que é deus, e que chega a todas as partes, dispõe de tudo e está dentro de todas as coisas. Nada existe que dele não participe: nada, porém, participa dele na mesma medida que outra coisa, mas muitos são os modos do próprio ar e da inteligência. De muitos modos é, com efeito, mais quente e mais frio,

12. Aristóteles, *A geração e a corrupção*, A 6, 322 b 12ss. (= Diels-Kranz, 64 A 7).
13. Aécio, I, 3, 26 (= Diels-Kranz, 64 A 7).
14. Simplício, *In Arist. Phys.*, 151, 28ss. (= Diels-Kranz, 64 B 2-5, em particular p. 59, 15 e p. 60, 11).
15. Diels-Kranz, 64 B 3.

mais seco e mais úmido, mais lento e mais rápido. E muitas outras modificações infinitas existem de prazer e de cor. Também as almas de todos os animais são a mesma coisa, ar mais quente do que o de fora no qual vivemos, mas muito mais frio do que o que está perto do sol. Ora, este calor não é igual em cada animal, e nem em cada homem, mas não difere muito: difere quanto é possível dentro dos limites da semelhança das coisas. Todavia não podem ser verdadeiramente do mesmo modo as coisas que mudam, estas e aquelas, antes de transformar-se no mesmo. Portanto, dado que de muitos modos é a transformação, de muitos modos e muitos devem ser os animais, e, pelo grande número de modificações, dessemelhantes entre si pela forma, pelo modo de vida e pela inteligência. Todavia todos vivem e veem e ouvem por obra do mesmo elemento, e também a inteligência, todos a derivam do mesmo[16].

Como fica claro por este fragmento, a nossa alma, assim como o princípio primeiro, é ar-inteligente, enquanto é um momento do princípio, um fragmento, por assim dizer, do princípio, que deriva do princípio e a ele retorna.

Diz o nosso filósofo:

Além destas, existem outras importantes provas de que as coisas são assim. Porque os homens e os animais vivem, respiram, do ar. Este é para eles alma e pensamento, como aparecerá claramente nesta minha obra; e se ele se separa, então o homem morre e o pensamento o abandona[17].

A avaliação que a historiografia filosófica deu de Diógenes foi normalmente negativa, e por muito tempo impôs-se o seguinte juízo de Zeller: "Porquanto tal tentativa pudesse ser digna de consideração, todavia não se pode dar uma avaliação muito alta da sua importância filosófica; o mérito principal do Apoloniano parece-me que deva ser posto nas pesquisas, com as quais ele se esforçou por promover o conhecimento empírico da natureza e a sua explicação empírica; as suas hipóteses filosóficas, ao contrário, foram-lhe oferecidas prontas pelos seus predecessores, ou seja, por Anaxágoras e pelos antigos físicos. A filosofia grega no seu complexo já tinha há tempo, na era de Diógenes, percorrido caminhos que a conduziam sem confronto para além da orientação própria da antiga física jônica"[18].

16. Diels-Kranz, 64 B 5.
17. Diels-Kranz, 64 B 4.
18. Zeller-Mondolfo, II, 2, p. 282.

Na verdade, as mais recentes pesquisas[19] levam a um radical redimensionamento do juízo de Zeller, pelas seguintes razões. Anaxágoras introduziu pela primeira vez a Inteligência como princípio, mas depois (e os antigos já se deram perfeitamente conta, como já recordamos), ele não explorou a fundo esta sua descoberta e, na explicação do mundo, recorreu normalmente às tradicionais causas físicas, e apelou raramente à Inteligência. Ao invés, Diógenes, identificando a Inteligência com o princípio de todas as coisas, fez desta um uso sistemático e exaltou a concepção *teleológica do cosmo*, apenas iniciada por Anaxágoras, e a levou ao extremo: aos limites além dos quais só revolucionando os horizontes da filosofia da *physis* seria possível proceder.

Há mais, porém: a concepção teleológica de Diógenes teve um notável influxo no ambiente ateniense e constituiu um dos pontos de partida da concepção de Deus e da finalidade universal que Sócrates assumiu e desenvolveu, não em sentido físico, como resulta de mais de um documento e como veremos oportunamente. Diógenes assinala, pois, uma etapa da qual não se poderia prescindir, se se quiser entender a evolução do pensamento teológico e teleológico dos gregos[20].

3. Arquelau de Atenas

Concluamos a apresentação dos físicos ecléticos mencionando a Arquelau de Atenas[21].

Refere dele Diógenes Laércio:

Arquelau Ateniense ou Milesiano, filho de Apolodoro ou, segundo outros, de Mido, foi discípulo de Anaxágoras, mestre de Sócrates. Ele foi o

19. Ver W. Theiler, *Zur Geschichte der teleologischen Naturbetrachtung bis auf Aristoteles*, Zurique 1925; Jaeger, *La teologia dei primi pensatori greci*, pp. 241-269. O primeiro destes estudiosos caiu no excesso oposto, porque atribui a Diógenes até o que Xenofonte, em matéria de teologia e teleologia, atribui a Sócrates. Veremos que Sócrates inspira-se em Diógenes, mas operando uma reforma radical.

20. Ver mais adiante em particular o capítulo sobre a teologia e teleologia socrática.

21. Todos os testemunhos que nos chegaram sobre Arquelau estão recolhidos em Diels-Kranz, 60.

primeiro da Jônia a introduzir em Atenas a filosofia naturalista e foi chamado o naturalista, porquanto nele encerrou-se a filosofia naturalista. Sócrates introduziu a ética, embora pareça que a Arquelau não fosse estranho o interesse pelos problemas éticos. Parece que tratou da interpretação das leis, do belo e do justo; Sócrates, que desenvolveu e ampliou as suas concepções éticas, foi posteriormente considerado o inventor da ética[22].

Outra fonte antiga assim resume o pensamento de Arquelau:

> Arquelau, ateniense de origem, filho de Apolodoro. Este, à semelhança de Anaxágoras, admitia a mistura da matéria e os princípios do mesmo modo. Dizia que, desde o princípio, está presente no intelecto certa mistura. Princípio do movimento é a secreção recíproca do quente e do frio; o quente está em movimento, enquanto o frio está parado. A água, separando-se, flui para o centro, onde se geram ar ígneo e terra, dos quais um é empurrado para o alto e a outra se deposita embaixo. A terra, portanto, é imóvel e nasceu por estas causas. Jaz, pois, no centro, sem ser, por assim dizer, uma parte do universo. O ar, derivado da combustão, governa o todo: ele, incandescente desde o princípio, deu origem à natureza dos astros, dentre os quais o maior é o sol, o segundo é a lua, e dos outros, alguns são menores, outros maiores. Arquelau diz que o céu se inclinou, e assim o sol difunde a luz sobre a terra e, tornando transparente o ar, seca-a. De fato, no princípio ela era um lago, sendo alta ao redor e côncava no centro. E como sinal da concavidade da terra aduz o fato de que o sol não surge e se põe contemporaneamente em todos os lugares, coisa que deveria, ao invés, acontecer se a superfície da terra fosse uniforme. Quanto aos animais, diz que no início a terra se aqueceu na sua parte inferior, onde estavam misturados o quente e o frio, e assim apareceram os homens e muitos animais, que tinham todos o mesmo alimento, extraindo o seu nutrimento da lama (e tinham vida breve). Em seguida nasceram também reciprocamente um do outro. Os homens, depois, se distinguiram dos outros animais, e criaram chefes, leis, artes, cidades e outras instituições. Diz ainda que em todos os animais é igualmente inato o intelecto. E também cada um dos animais usa o intelecto, alguns mais lentamente, outros mais rapidamente[23].

Outras fontes insistem ainda mais acentuadamente no ar como princípio, antes, sobre o *ar infinito*, coincidente com a *inteligên-*

---

22. Diógenes Laércio, II, 16 (= Diels-Kranz, 60 A 1).

23. Hipólito, *Ref.*, I, 9 (= Diels, *Doxographi graeci*, p. 563 = Diels-Kranz, 60 A 4).

cia[24], remetendo assim a uma posição muito próxima da de Diógenes de Apolônia.

A importância deste pensador está no papel que lhe é atribuído, não só por Diógenes Laércio (na passagem acima lida), mas por numerosas outras fontes, de "mestre" de Sócrates[25]. O próprio Aristófanes, em algumas passagens das *Nuvens*, põe na boca de Sócrates algumas afirmações claramente extraídas de Diógenes e dos ecléticos seguidores de Anaxágoras[26].

De Diógenes de Apolônia e de Arquelau, portanto, será preciso partir, além da filosofia sofística, para compreender de modo adequado o pensamento de Sócrates e a sua revolucionária mensagem. Antes, porém, devemos estudar a fundo o fenômeno da sofística, cuja difusão e sucesso coincidiu exatamente com o momento da involução da filosofia da *physis* e até mesmo contribuiu de modo essencial para pôr definitivamente em crise a própria possibilidade ou, pelo menos, as pretensões da especulação de viés naturalista.

---

24. Cf. Diels-Kranz, 60 A 11 e 12.

25. Cf. Diels-Kranz, 60 A 1, A 2, A 3, A 5, A 7.

26. Em Diels-Kranz, os versos de Aristófanes, *Nuvens*, 225ss. e 828ss. são reproduzidos na seção "Nachwirkung" relativa a Diógenes (= Diels-Kranz, 60 C 1, vol. II, pp. 66s.)

APÊNDICE

O ORFISMO E A NOVIDADE DA SUA MENSAGEM

χαῖρε παθὼν τὸ πάθημα. τὸ δ' οὔπω πρόσθε ἐπεπόνθεις.
θεὸς ἐγένου ἐξ ἀνθρώπου.

"*Alegra-te, tu que sofreste a paixão: antes não havias ainda sofrido isto.*
De homem te tornaste Deus".

Lâmina órfica encontrada em Turi, 4
(= Kern, fr. 32 f = Colli, 4 A 67).

ORPHICORVM FRAGMENTA

COLLEGIT

OTTO KERN

ZWEITE AUFLAGE

MCMLXIII

BEROLINI APVD WEIDMANNOS

Frontispício da segunda edição da coletânea de fragmentos e testemunhos concernentes aos órficos, editada por Otto Kern (a primeira edição é de 1922) e que constitui o ponto basilar de referência para todos os estudiosos do orfismo.

1. A literatura órfica que nos chegou e o seu valor

Os estudos modernos sobre o orfismo chegaram a conclusões muito contrastantes entre si: a uma tendência que, com muita segurança, pensava poder reconstruir o fenômeno do orfismo nas suas várias dimensões e, até mesmo, explicar com o próprio orfismo não só grande parte da vida espiritual grega, mas também grande parte do pensamento filosófico (e que, consequentemente, foi justamente chamada de "pan-órfica"), se contrapôs uma tendência no sentido contrário e decididamente hipercrítica, a qual não só sistematicamente pôs em dúvida o fundamento de uma série de convicções comumente aceitas sobre o orfismo, mas reduziu radicalmente as suas influências até quase anulá-las, chegando a sustentar que certas teses consideradas tipicamente órficas devem, ao invés, ser consideradas invenções dos filósofos, em primeiro lugar de Pitágoras e, depois, de Empédocles e de Platão. Entre estas duas tendências extremas, a crítica busca hoje um justo equilíbrio, tentando evitar não só asserções que não sejam suficientemente críticas, mas também as hipercríticas e céticas em excesso[1].

Na verdade, trata-se de um equilíbrio bem difícil de alcançar, dado o estado verdadeiramente problemático da literatura órfica que nos chegou.

Antes de tudo, deve-se observar que as obras integrais que nos foram transmitidas como órficas são falsificações de época muito tar-

1. O leitor poderá orientar-se igualmente sobre o modo diferente de afrontar e tratar a complexa problemática do orfismo lendo as seguintes obras: E. Rohde, *Psyche, Seelenkult und Unsterblichkeitsglaube der Griechen*, 2 vols., Friburgo em B. 1890-1894, trad. italiana de E. Codignola e A. Oberdorfer com o título: *Psiche. Culto delle anime e fede nell'imortalità presso i Greci*, 2 vols., Florença 1930; W. K. C. Guthrie, *Orpheus and Greek Religion*, Londres 1935 (1952[2]), trad. francesa de M. Guillemin com o título *Orphée et la religion grecque. Étude sur la pensée orphique*, Paris 1956; K. Ziegler, *Orpheus*, in Pauly-Wissowa, *Realencyclopädie der classischen Altertumswissenschaft*, XVIII, 1 (1939), col. 1200-1316; Idem, *Orphische Dichtung*, ivi, XVIII, 2 (1942), col. 1321-1417; I. M. Linforth, *The Arts of Orpheus*, Berkeley 1941 (Nova Iorque 1973[2]); M. P. Nilsson, *Geschichte der griechischen Religion*, vol. I. Munique 1941 (1967[2]); E. Dodds, *The Greeks and the Irrational*, Berkeley-Los Angeles 1951, trad. de V. Vacca de Bosis com o título *I Greci e l'irrazionale*, Florença 1959. Nestes volumes se encontrará mais bibliografia.

dia, situando-se provavelmente na época dos neoplatônicos e, portanto, cerca de um milênio posteriores ao orfismo original. Estas obras são: 1) 87 hinos (precedidos de um poema) num complexo de 1.133 versos dedicados a várias divindades e distribuídos segundo uma ordem conceitual precisa, 2) um poema com o título *Argonautas*, composto de 1.376 hexâmetros épicos, 3) um pequeno poema de 774 versos, também em hexâmetros épicos, intitulado *Líticos*. Nos *Hinos* estão contidos, além de ideias órficas, teses extraídas do Pórtico e até mesmo de Fílon de Alexandria; nos *Argonautas* (dedicado à mítica viagem dos famosos heróis) as teses órficas são muito limitadas, enquanto nos *Líticos* (que tratam das virtudes mágicas das pedras), de órfico não há quase nada. É evidente, portanto, que tais obras só servem para compreender as posições de alguns epígonos do orfismo[2].

Para reconstruir as posições do orfismo primitivo, nosso interesse aqui, possuímos apenas testemunhos e fragmentos. Otto Kern, na sua coletânea de 1921, que permanece até hoje canônica, apresenta 262 testemunhos indiretos e 363 fragmentos, para um montante de mais de 600 versos[3]. Mas também o valor deste material é muito heterogêneo. De fato, entre os testemunhos, só um pertence ao século VI, poucos são do século V e IV a.C., enquanto a maior parte pertence à tardia antiguidade. Quanto aos fragmentos, a sua genuinidade e antiguidade são muito dificilmente acertáveis, dado que nos foram transmitidos, na maioria dos casos, por autores pertencentes ao período tardo-antigo.

---

2. Cf. *Orphica*. Rec. G. Hermannus, cum notis H. Stephani, A. Chr. Eschenbachii, J. M. Gesneri, Th. Tyrwhitti, Lipsiae 1805 (reimpressão anastática, Olms, Hildesheim 1969); *Aglaophamus sive de Theologiae mysticae Graecorum causis libri tres conscripsit* C. A. Lobeck *idemque poetarum Orphicorum dispersas reliquias collegit*, Regimontti Prussorum 1829; *Orphica*, Rec. E. Abel, Lipsia e Praga 1885. Para os *Hinos* em particular ver G. Quandt, *Orphei Hymni*, Berlim 1955 (uma boa seleção dos mesmos com texto, tradução italiana e anotações foi preparada por G. Faggin, *Inni Orfici*, Fussi, Florença 1949). Para os *Argonautas* ver também a edição de G. Dottin, Paris 1930, com tradução francesa.

3. *Orphicorum Fragmenta*. Collegit O. Kern, Berlim 1922 (1963[2]). Uma seleção de fragmentos desta edição foi traduzida para o italiano por G. Arrighetti, *Orfici, Frammenti*, Borringhieri, Turim 1959. Uma nova coletânea dos fragmentos fundamentais, em edição crítica, com tradução italiana e anotações encontra-se em G. Colli, *La sapienza greca*, vol. I: *Dioniso, Apollo. Eleusi, Orfeo, Museo, Iperborei, Enigma*, Adelphi, Milão 1977, pp. 117-289. Dada a validez e comodidade desta coletânea, indicaremos a sua numeração, junto com a numeração canônica de Kern, também porque contém novos materiais.

A perplexidade dos estudiosos tem, pois, sérios fundamentos e é, indubitavelmente, correto usar de grande cautela crítica: todavia, o ceticismo em excesso não parece justificado.

Deve-se observar que já o poeta Ibico, no século VI a.C., fala de "Orfeu de nome famoso", atestanto assim a grande notoriedade da personagem naquela época, o que só se explica supondo a existência e a difusão do movimento religioso que a ele se remetia[4]. Eurípides e Platão atestam que na sua época corria um grande número de escritos sob o nome de Orfeu, referentes aos ritos e purificações órficas[5]. De ritos e iniciações órficas nos falam Heródoto e Aristófanes[6]. Mas talvez o mais interessante de todos os testemunhos é o de Aristóteles, segundo o qual Onomácrito pôs em versos doutrinas atribuídas a Orfeu[7]. Ora, dado que Onomácrito viveu no século VI a.C., temos um ponto de referência seguro: no século VI a.C. se compunham seguramente escritos em versos sob o nome do mítico poeta e, portanto, existia um movimento espiritual que reconhecia em Orfeu o seu patrono e inspirador[8].

Mais difícil se apresenta a situação no que concerne à doutrina, dado que, de um lado, certas crenças que, como veremos, só podem ser órficas, nem sempre são qualificadas como tais pelas nossas fontes, e, de outro lado, os fragmentos diretos muito amiúde não são datáveis. Todavia, como veremos, considerando alguns testemunhos paralelos, pode-se chegar a uma elevada probabilidade de atribuir aos órficos certas doutrinas. Os numerosos versos órficos pertencentes à assim chamada teogonia rapsódica (*Discursos sacros em vinte e quatro rapsódias*), primeiro considerados genuínos, depois considerados falsificações de época tardo-antiga, são hoje reconsiderados sob nova luz: o autor da teogonia rapsódica parece ter utilizado um material antigo, sistematizando-o e completando-o[9]. Mas um fato particularmente importante demonstrou recentemente

4. Ibico, fr. 17 Diehl (= Kern, test. 2 = Colli, 4 A 1a).

5. Eurípides, *Alcesti*, 962-972, e, *Hipólito*, 952-954 (= Kern, test. 82 e 312 = Colli, 4 A 14 e A 16); Platão, *República*, II, 364 e ss. (= Kern, fr. 3 = Colli, 4 A 41).

6. Heródoto, II, 81 (= Kern, test. 216 = Colli, 4 A 12); Aristófanes, *Rãs*, 1032s. (= Kern, test. 90 = Colli, 4 A 25).

7. Aristóteles, *De philos.*, fr. 7 Ross (= Kern, test. 188 = Colli, 4 A 56).

8. Cf. Zeller-Mondolfo, I, 1, p. 119, nota 1.

9. Ver, sobre isto, Jaeger, *La teologia...*, pp. 95-122.

que a hipercrítica não se sustenta: um fragmento de teogonia, típica expressão do sentimento "panteísta" órfico, reportado no *Tratado sobre o cosmo por Alexandre*, atribuído a Aristóteles, considerado como composição da época helenística, assim como o *Tratado*, resultou muito mais antigo, a partir da descoberta de um papiro de Derveni, ocorrida em 1962. O papiro, de fato, pertence à época socrática, mas, dado que o carme é submetido a um comentário, isso quer dizer que, naquela época, ele já gozava de autoridade e notoriedade consideráveis e, portanto, pertencia a uma época ainda mais antiga[10].

Estas especificações eram indispensáveis para esclarecer a objetiva complexidade da situação, assim como a necessidade de fornecer uma abundante documentação mesmo num trabalho de síntese como é o nosso.

2. A novidade de fundo do orfismo

Nos documentos literários gregos que nos chegaram aparece pela primeira vez em Píndaro uma concepção da natureza e dos destinos do homem praticamente desconhecida aos gregos das épocas precedentes, e expressão de uma crença revolucionária sob muitos aspectos, a qual, justamente, foi considerada como *elemento de um novo esquema de civilização*. De fato, começa-se a falar da presença no homem de algo divino e não mortal, que provém dos deuses e habita no próprio corpo, de natureza antitética à do corpo, de modo que este algo só é ele mesmo quando o corpo dorme ou quando se prepara para morrer e, portanto, quando enfraquecem os vínculos com ele, deixando-o em liberdade.

Eis o célebre fragmento de Píndaro:

> O corpo de todos obedece à poderosa morte,
> em seguida permanece ainda viva uma imagem da vida, pois só esta
> vem dos deuses: ela dorme enquanto os membros agem, mas em muitos sonhos

10. Ver as indicações que damos, sobre isto, no volume: G. Reale, *Aristotele, Trattato sul cosmo per Alessandro*, Loffredo, Nápoles 1974, pp. 273s. Reproduzimos o hino, mais adiante, p. 188.

mostra aos que dormem o que é furtivamente destinado de prazer e de sofrimento[11].

Os estudiosos[12] há tempo observaram que esta concepção tem paralelos exatos, mesmo terminológicos, além de conceituais, por exemplo em Xenofonte, no final da *Ciropédia*, e num fragmento que nos chegou da obra exotérica de Aristóteles, *Sobre a filosofia*.

Eis a passagem de Xenofonte:

Quanto a mim, filhinhos, jamais consegui persuadir-me disso: que a alma, enquanto se encontra num corpo mortal, viva; quando se libertou dele, morra. Vejo, com efeito, que a alma torna vivos os corpos mortais por todo o tempo em que neles reside. E tampouco jamais me persuadi de que a alma seja insensível, uma vez separada do corpo, o qual é insensível. Antes, quando o espírito se separa do corpo, então, livre de toda mistura e puro, é logicamente mais sensível do que antes. Quando o corpo do homem se dissolve, vemos as partes individuais juntarem-se aos elementos da sua própria natureza, mas não a alma: só ela, presente ou ausente, foge à vista. Observai em seguida — prosseguiu —, que nenhum dos estados humanos é mais próximo da morte que o sono: e a alma humana então, melhor do que nunca, revela com clareza a sua natureza divina, prevendo o futuro, sem dúvida porque então é quando se encontra mais livre[13].

Eis o fragmento aristotélico:

Aristóteles diz que a noção dos deuses tem nos homens uma dupla origem, do que acontece na alma e dos fenômenos celestes. Mais precisamente do que acontece na alma em virtude da inspiração e do poder profético, próprios a ela, que se produzem no sono. Quando, de fato, diz ele, no sono a alma se recolhe em si mesma, então, assumindo a sua verdadeira e própria natureza, profetiza e vaticina o futuro. Assim também ela é quando, no momento da morte, separa-se do corpo. E assim ele aprova o poeta Homero por ter observado o seguinte: representou a Pátroclo que, no momento de ser morto, vaticinou a morte de Heitor, e Heitor vaticinou o fim de Aquiles. De fatos deste gênero, diz ele, os homens suspeitaram que existe algo divino, que é em si semelhante à alma e, mais do que todas as outras coisas, é objeto de ciência[14].

O novo esquema de crenças consiste, pois, numa concepção dualista do homem, que contrapõe a alma imortal ao corpo mortal e

11. Píndaro, fr. 131 b Snell (= Colli, 4 A 9).
12. Cf., por exemplo, Dodds, *I Greci e l'irrazionale*, pp. 159s.
13. Xenofonte, *Ciropédia*, VIII, 7, 21.
14. Aristóteles, *De philos.*, fr. 12a Ross.

considera a primeira como o verdadeiro homem ou, melhor dizendo, o que no homem verdadeiramente conta e vale. Trata-se de uma concepção, como foi bem notado, que inseriu na civilização europeia *uma nova interpretação da existência humana*[15].

Não parece dubitável que esta concepção seja de origem órfica. Com efeito, Platão refere uma concepção, ligada estreitamente a esta, expressamente aos órficos, como fica claro desta passagem do *Crátilo*:

> De fato alguns dizem que o corpo é túmulo [*sema*] da alma, como se esta estivesse nele enterrada: e dado que, por outro lado, a alma exprime [*semainei*] com ele tudo o que exprime, também por isso foi chamado justamente "sinal" [*sema*]. Todavia, parece-me que foram sobretudo os seguidores de Orfeu a estabelecer este nome, como se a alma expiasse as culpas que devia expiar, e tivesse em torno de si, para ser custodiada [*sozetai*], este recinto, semelhante a uma prisão. Tal cárcere, portanto, como diz o seu nome, é "custódia" [*soma*] da alma, enquanto esta não tenha pago todos os seus débitos, e não há nada a mudar, nem mesmo uma só letra[16].

O conceito da *divindade da alma* resulta também central nas "lâminas áureas" encontradas nalguns túmulos, das quais se extrai que tal conceito constituía o fulcro da fé órfica.

Eis uma das lâminas encontradas em Turi:

> Venho pura dos puros, ó rainha dos infernos,
> Eucles e Eubuleu e vós, deuses imortais,
> pois me orgulho de pertencer à vossa estirpe feliz;
> mas a Moira me suplantou, e outros deuses imortais
> ... e o fulgor arrojado pelas estrelas.
> Voei para fora do círculo que traz afano e opressora dor,
> e subi com pés velozes para alcançar a desejada coroa,
> depois emergi no seio da Senhora, rainha das profundezas,
> e desci da desejada coroa com pés velozes,
> "Feliz e bem-aventurado, serás deus e não mortal".
> Cordeiro, caí no leite[17].

Esta solene proclamação de que a alma pertence à estirpe dos deuses resulta ser também volta a ser tematizada em outras lâminas, e é expressa até com a mesma fórmula ou com uma fórmula de

15. Cf. Dodds, *I Greci e l'irrazionale*, pp. 159ss.
16. Platão, *Crátilo*, 400 c (= Kern, fr. 8 = Colli, 4 A 34).
17. Kern, fr. 32 c = Colli, 4 A 65.

significado totalmente análogo: "eu sou filha da terra e do céu cintilante"[18]. Mas sobre isto voltaremos adiante.

Este novo esquema de crença, como dizíamos, estava destinado a revolucionar a antiga concepção da vida e da morte, como diz de modo paradigmático um célebre fragmento de Eurípides:

> Quem sabe se o viver não é morrer
> e o morrer, viver?[19]

E Platão, no *Górgias*, partindo exatamente desta ideia, mostra toda a carga revolucionária da nova mensagem: ela postula uma nova concepção de toda a existência, e, em particular, postula uma mortificação do corpo e de tudo o que é próprio do corpo, e uma vida em função da alma e do que é a alma[20].

3. O orfismo e a crença na metempsicose

Já acenamos ao fato de que a opinião mais difundida dos estudiosos é que, na Grécia, foram os órficos a difundir a crença na metempsicose. Já Zeller, embora resistindo muito a admitir que os mistérios tivessem uma incidência de relevo sobre a filosofia, escrevia: "[...] em todo caso, parece seguro que, entre os gregos, a doutrina da transmigração das almas não veio dos filósofos aos sacerdotes, mas dos sacerdotes aos filósofos"[21]. Todavia, como alguns estudiosos contestaram este ponto, vale a pela esclarecê-lo, porque entre as vozes de dissenso (que, contudo, não são muitas) elevou-se a autorizada voz de Wilamowitz-Moellendorff[22].

Nenhuma fonte antiga nos diz expressamente que foram os órficos a introduzir a crença na metempsicose; antes, algumas fontes tardias dizem até mesmo que foi Pitágoras.

---

18. Kern, fr. 32 b I-II = Colli, 4 A 70a.

19. Eurípides, *Polyidos*, fr. 638 Nauck, reportado por Platão, *Górgias*, 492 e (= Colli, 4 A 23).

20. Cf. vol. III: "A imortalidade da alma, seus destinos ultraterrenos e a sua reencarnação", 3ª Seção da 1ª Parte..

21. Zeller-Mondolfo, I, 1, p. 137.

22. U. von Wilamowitz-Moellendorff, *Der Glaube der Hellenen*, 2 vols., Darmstadt 1959³ (1932¹), vol. II, pp. 190ss.

Todavia, deve-se observar o seguinte: *a*) Píndaro conhece esta crença e não se pode demonstrar que ele a tenha derivado dos pitagóricos e não dos órficos; *b*) as antigas fontes, ademais, quando falam da metempsicose, referem-na como doutrina revelada por "antigos teólogos", "adivinhos" e "sacerdotes", ou usam expressões com as quais comumente aludem aos órficos; *c*) numa passagem do *Crátilo*, Platão menciona expressamente os órficos, atribuindo-lhes a doutrina do corpo como lugar de expiação da culpa original da alma, que pressupõe estruturalmente a metempsicose, e também Aristóteles refere expressamente aos órficos doutrinas que implicam a metempsicose; *d*) algumas fontes antigas fazem depender expressamente Pitágoras de Orfeu e não vice-versa.

a) Eis dois fragmentos de Píndaro, cujo teor é já por si eloquente, enquanto não parece remeter ao pitagorismo:

E daqueles de quem Perséfones aceitará a punição
pelo antigo luto, no nono ano restitui novamente
as almas ao esplendor do sol, no alto; delas surgem
reis augustos e grandes homens, subitâneos por força e sabedoria:
e heróis sagrados são chamados pelos mortais do tempo vindouro[23].

... Sim, se quem possui a riqueza conhece o futuro,
se sabe que os ânimos violentos dos mortos daqui logo
pagaram a pena — enquanto sob a terra alguém julga
os erros neste reino de Zeus, declarando
a sentença com hostil necessidade;
mas gozando da luz do sol em noites
sempre iguais e em dias iguais, os nobres recebem
uma vida menos difícil, sem turbar a terra com o vigor
da sua mão, nem a água marinha,
por uma vazia subsistência; e, ao invés — junto aos favoritos
dos deuses que gozaram da fidelidade aos juramentos —
eles percorrem um trecho de vida sem lágrimas,
enquanto os outros suportam uma prova que o olhar não suporta.
E os que tiveram a coragem de permanecer por três vezes
em um e no outro mundo, e guardar totalmente a alma
de atos injustos, percorreram até o fim a estrada de Zeus

23. Píndaro, fr. 133 Snell (= Colli, 4 A 5).

para a torre de Crono: lá as brisas oceânicas
sopram ao redor da ilha dos bem-aventurados...[24].

b) Já o pitagórico Filolau — e isto é muito indicativo — escrevia:

> Atestam *também os antigos teólogos e adivinhos* que a alma está unida ao corpo para pagar alguma pena; e nele como numa tumba está sepultada[25].

Platão, no *Ménon*, ao reportar a primeira passagem de Píndaro acima lida, escreve:

> [...] Dizem, de fato, que a alma do homem é imortal, e que às vezes chega a um fim — o que chamam morte — às vezes ressurge novamente, mas nunca é destruída: justamente por isso é preciso transcorrer a vida da maneira mais sensata possível [...][26].

E noutras passagens ele usa expressões análogas e, em particular, a expressão "discurso antigo", com a qual só se podem entender os discursos sagrados dos órficos.

Análogas conclusões devem ser tiradas do seguinte fragmento aristotélico do *Protrético*:

> Considerando estes erros e estas tribulações da vida humana, parece às vezes que viram algo *aqueles antigos, seja profetas, seja intérpretes dos desígnios divinos na narração das cerimônias sagradas e das iniciações, os quais disseram que nascemos para pagar o preço de algum delito cometido numa vida anterior,* e parece verdade o que se encontra em Aristóteles, ou seja, que *sofremos um suplício semelhante ao que sofreram aqueles que em outros tempos, quando caíam nas mãos dos piratas etruscos, eram mortos com uma crueldade refinada: os corpos vivos eram atados aos mortos* com a máxima precisão, adaptando a parte posterior de um vivo à parte posterior de um morto. *E como aqueles vivos eram conjugados com os mortos, assim as nossas almas estão estreitamente ligadas aos corpos*[27].

c) Já lemos acima a passagem platônica do *Crátilo*, na qual os órficos são mencionados expressamente. Mas não menos interessante é a seguinte passagem aristotélica, tirada do tratado *Sobre a alma*, onde claramente se diz que os órficos admitiam uma preexistência da alma:

---

24. Píndaro, *Olímpicas*, II, 56-72 (= Colli, 4 A 6).
25. Diels-Kranz, 44 B 14.
26. Platão, *Ménon*, 81 b-c.
27. Aristóteles, *Protrético*, fr. 10 b (= Colli, 4 A 55).

A tal erro confronta-se também o discurso que se encontra na assim chamada poesia órfica: esta diz, com efeito, que a alma, levada pelos ventos, do universo penetra nos seres quando respiram, e não é possível que isto ocorra com as plantas, e nem mesmo com certos animais, enquanto nem todos os animais respiram: mas isto escapou àqueles que têm tais convicções[28].

d) Depois, o fato de antigas fontes afirmarem que Pitágoras pôs em versos certas doutrinas, atribuindo-as a Orfeu, se não pode ser considerado literalmente, testemunha, todavia, qual era a mais antiga convicção sobre as relações entre os dois personagens[29].

A metempsicose tem, fundamentalmente, um significado moral, o qual é muito bem destacado já por Platão, além das páginas do *Fédon* conhecidas por todos[30], em duas passagens das *Leis* que convém ler:

Isto seja dito como prelúdio ao tratamento desta matéria, e acrescente-se a isso a tradição, à qual, quando ouvem falar disso, muitos daqueles, que nas iniciações aos mistérios se interessam por estas coisas, prestam muita fé, ou seja, que no Hades se dá uma punição por tais erros, e que os seus autores, voltando novamente, devem necessariamente pagar a pena natural, isto é, aquela de padecer o que fizeram, terminando assim por mãos de outros a nova vida[31].

Aquele mito, portanto, ou tradição, ou como quer que se o deva chamar, diz claramente, como nos foi transmitido por antigos sacerdotes, que a vigilante justiça, vingadora do sangue dos parentes, segue a lei há pouco referida; e, portanto, estabeleceu que quem comete um delito deste gênero, deve necessariamente padecer o mesmo que fez: se mata o pai, deve suportar que o mesmo tratamento lhe seja um dia violentamente infligido por obra dos filhos; e se a mãe, ele deve necessariamente renascer como mulher e, mais tarde, deixar a vida por obra dos filhos: pois não há outra expiação do sangue delituosamente derramado, nem a mácula pode ser lavada sem que a alma culpada tenha pagado o assassinato com o assassinato, o semelhante com o semelhante, e tenha aplacado a ira de toda a parentela[32].

Entre os estudiosos modernos, Dodds esclareceu melhor do que todos o significado destas passagens, do seguinte modo: "O castigo

28. Aristóteles, *Sobre a alma*, A, 5, 410 b 27-411 a 1 (= Colli, 4 A 60).
29. Diógenes Laércio, VIII, 8 = Diels-Kranz, 14 A 19.
30. Cf. Platão, *Fédon*, 80 c ss.
31. Platão, *Leis*, IX, 870 d-e.
32. Platão, *Leis*, IX, 872 d-e.

de além-túmulo [...] não conseguia explicar por que os deuses aceitam a existência da dor humana e, em particular, a dor imerecida dos inocentes. A reencarnação, ao invés, o explica: para esta não existem almas inocentes, todas pagam, em diversos graus, culpas de várias gerações, cometidas nas vidas anteriores. E toda esta soma de sofrimentos, neste mundo e no outro, é só uma parte da longa educação da alma, que encontrará o seu último termo na libertação do ciclo dos renascimentos e no retorno da alma à sua origem divina. Só deste modo, e sob a medida do tempo cósmico, pode ser realizada completamente, por cada alma, a justiça entendida no sentido arcaico, isto é, segundo a lei do 'quem pecou pagará'"[33].

4. O fim último da alma segundo o orfismo

Se o corpo é prisão da alma, ou seja, lugar onde paga a pena de uma antiga culpa, e se a reencarnação é como a continuação desta pena, é claro que a alma deve libertar-se do corpo e, justamente, este é o seu fim último, o "prêmio" que lhe compete.

A literatura grega anterior ao século VI a.C. fala de castigos e prêmios no além, mas só em sentido muito restrito: trata-se, com efeito, de castigos por algumas culpas excepcionalmente graves e prêmios por méritos igualmente excepcionais; e, sobretudo, num e noutro caso, trata-se de destinos que tocam *exclusivamente a alguns indivíduos*, a pouquíssimos e, ademais, a indivíduos de épocas passadas. Em Homero, aos homens do presente, como já foi observado, não cabe nem prêmio nem castigo[34].

A revolução do orfismo é, pois, evidente, e é errado supervalorizar os antecedentes dos quais falamos: de fato, segundo a nova concepção, a todos os homens, sem exceção, compete um prêmio ou uma pena, segundo o modo como tenham vivido. Assim aquilo que era a exceção torna-se a regra, *aquilo que era o caso privilegiado torna-se o destino comum a todos.*

Desta nova crença, Píndaro, mais uma vez, nos oferece a primeira expressão completa. Na segunda *Ode* olímpica fala explicita-

33. Dodds, *I Greci e l'irrazionale*, p. 196.

34. Cf. Guthrie, *Orphée...*, pp. 167ss.

mente de um além, no qual os maus são implacavelmente julgados pelos seus erros e, consequentemente, condenados, enquanto os bons são premiados:

> Para estes refulge o poder do sol,
> enquanto aqui embaixo é noite;
> junto à cidade está a sua sede, nos prados das rosas vermelhas,
> de sombrias plantas de incenso [...] e é carregada
> [de árvores] de frutos de ouro; e uns se alegram
> com os cavalos e os exercícios do corpo, outros com os jogos de xadrez,
> outros com o som da lira, e entre eles prospera em plenitude
> a abundância: um perfume amável se difunde sobre aquela terra,
> enquanto levam sempre ao fogo, que de longe se distingue
> ofertas de todas as espécies sobre os altares dos deuses[35].

Píndaro, na verdade, vivifica o além com a sua acesa fantasia, valendo-se das cores do aquém (como é sabido, os estudiosos consideram que esta não foi a pessoal crença do poeta, mas, antes, a da pessoa à qual a sua poesia era dirigida) e, sobretudo, não nos diz qual é o destino supremo das almas dos bons. Isto, ao invés, é dito com toda clareza nas lâminas órficas.

Na lâmina encontrada em Hipônio, diz-se que a alma purificada no além fará um longo caminho pelas vias que percorrem também os outros iniciados e possuídos por Dionísio. Na lâmina encontrada em Petélia, diz-se que a alma reinará junto com outros heróis. Em uma das lâminas de Turi, diz-se que a alma purificada, assim como originariamente pertencia à estirpe dos deuses, será Deus e não mortal. Enfim, em outra lâmina de Turi, diz-se que de homem ela se tornará Deus.

Eis o texto desta bela lâmina:

> Mas, apenas a alma abandona a luz do sol
> à direita ... encerrando, ela que conhece tudo junto.
> Alegra-te, tu que sofreste a paixão: antes não havias ainda sofrido isto
> De homem te tornaste Deus: cordeiro caíste no leite.
> Alegra-te, alegra-te, tomando o caminho à direita
> para os prados sagrados e os bosques de Perséfone[36].

"De homem, nascerás Deus, porque do divino derivas": eis a mais revolucionária novidade do novo esquema de crenças, cujo

35. Píndaro, fr. 129 Snell (= Colli, 4 A 7).

36. Lâmina encontrada em Turi, 4 (= Kern, fr. 32 f = Colli, 4 A 67).

acolhimento estava destinado a transformar o mais antigo significado da vida e da morte.

5. A teogonia órfica, o mito de Dionísio e os Titãs e a gênese da culpa original que a alma deve expiar

Não é tarefa nossa aprofundar-nos neste ponto na reconstrução da teogonia órfica, pois só indiretamente interessa ao tema principal que estamos tratando. Tal reconstrução resulta, ademais, muito complexa e incerta, pois apresenta diferentes variantes. Recordemos que a antiguidade tardia[37] distinguia três diferentes teogonias órficas: *a*) a referida a Eudemo, discípulo de Aristóteles, *b*) a assim chamada de Jerônimo e de Helânico e *c*) a dos *Discursos sagrados em vinte e quatro rapsódias* (a assim chamada teogonia rapsódica), da qual já falamos. Dos poucos acenos de Platão e Aristóteles, unidos ao que nos restou de Eudemo, extraem-se apenas poucos traços, totalmente insuficientes[38]; da teogonia de Jerônimo e de Helânico possuímos um breve resumo transmitido por Damásio[39]. Da teogonia rapsódica possuímos numerosos fragmentos, sobre os quais, porém, gravam as pesadas hipotecas sobre as quais falamos no início.

A ideia de fundo das teogonias órficas é, em grande parte, a mesma da teogonia de Hesíodo. Nela se explica em nível mitológico e, portanto, fantástico-poético, o que era no princípio de tudo, como nasceram progressivamente os vários deuses e se instauraram os seus vários reinos, e a geração de todo o universo.

Com relação à teogonia hesiodiana, todavia, duas parecem ser as diferenças, uma e outra de considerável importância.

Em primeiro lugar, aquela parece ser, embora sob a capa mítica, mais conceitual, como já notava Rohde: "Atendo-se claramente àquela antiquíssima teologia grega que se recolhera no poema hesiodiano, estas Teogonias órficas descreviam o devir e o desenvolvimento do

37. Sobre o tema ver: Guthrie, *Orphée*..., pp. 83ss.; Jaeger, *La teologia*..., pp. 100ss.

38. Cf. Eudemo de Rodes, fr. 150 Wehrli (= Kern, fr. 28 = Colli, 4 B 9).

39. Damásio, *De principiis*, 123 bis, I, 317, 15ss. Ruelle (= Kern, fr. 54 = Colli, 4 B 72).

mundo, dos obscuros impulsos primitivos até a variedade bem determinada do cosmo ordenado à unidade; e o descreviam como a história de uma longa série de potências e figuras divinas que, desenvolvendo-se uma de outra e uma superando a outra, revezam-se na obra de formar e governar o mundo e absorvem em si o Todo, para restituí-lo, depois, animado por um único espírito e Uno na sua infinita pluralidade. Certamente estes não são mais deuses do antigo tipo grego. Não só as divindades recriadas pela fantasia órfica e subtraídas, pela força do símbolo, à possibilidade de uma clara representação sensível, mas também as figuras tiradas do Olimpo grego são aqui pouco menos que personificações de conceitos. Quem reconheceria o Deus de Homero no Zeus órfico, o qual, absorvendo em si o deus que está em toda parte, e tendo 'assumido a força de Eripeu', tornou-se por sua vez o Todo: 'Zeus é o princípio, o meio é Zeus, em Zeus o Todo se cumpre'? Aqui o conceito alarga de tal modo a personalidade, que ameaça fazê-la explodir; ele tira os contornos às figuras individuais e, com sábia 'mistura de deuses', confunde-os entre si"[40].

Ora, o que dizia Rohde, o nosso ver, adquire hoje importância ainda maior, pois o fragmento de teogonia ou, pelo menos, o carme em que Zeus é chamado de princípio, meio e fim, e no qual parece perder as suas aparências míticas para se tornar o Todo e o fundamento do Todo, resulta ser do século V a.C., como já recordamos.

Eis o fragmento:

Zeus nasceu primeiro, Zeus do fulgurante brilho é o último;
Zeus é a cabeça, Zeus é o meio: por Zeus tudo se cumpre;
Zeus é o fundo da terra e do céu brilhante;
Zeus nasceu varão, Zeus imortal foi menina;
Zeus é o sopro de todas as coisas, Zeus é o ímpeto do fogo imperecível.
Zeus é a raiz do mar, Zeus é o sol e a lua;
Zeus é o rei, Zeus do fulgurante brilho é o dominador de todas as coisas:
de fato, depois de ter escondido todos, novamente do coração sagrado
trouxe-os à luz cheia de alegria, operando ruínas[41].

Em segundo lugar, como sobretudo Guthrie observou, as teogonias órficas, diferentemente da hesiodiana, terminavam com o mito de Dionísio e os Titãs (do qual logo falaremos) e com a explicação

40. Rohde, *Psiche...*, pp. 445s.
41. Kern, fr. 21 = Colli, 4 A 71.

das origens dos homens, assim como do bem e do mal que neles existem. Por consequência, enquanto "uma [isto é, a teogonia hesiodiana] não poderia nunca se tornar uma doutrina de base para a vida espiritual, a outra [isto é, a teogonia órfica] podia constituir esta doutrina, e com efeito a constituía"[42].

Ora, a ideia de fundo da parte final da teogonia era a seguinte. Dionísio, filho de Zeus, foi triturado e devorado pelos Titãs, os quais, por punição, foram queimados e incinerados pelo próprio Zeus, e das suas cinzas nasceram os homens[43].

É evidente em que sentido e medida este mito pode constituir a base de uma ética. Ele explica a constante tendência ao bem e ao mal presente nos homens: a parte dionisíaca é a alma (e liga-se a ela a tendência ao bem), a parte titânica é o corpo (e liga-se a ela a tendência ao mal). Daqui deriva a nova tarefa moral de libertar o elemento dionisíaco (a alma) do elemento titânico (o corpo). A reencarnação e o ciclo dos renascimentos são, portanto, a punição desta culpa, e estão destinados a continuar até que o homem se liberte da própria culpa.

Alguns estudiosos puseram em dúvida a antiguidade deste mito, não considerando suficiente o testemunho de Pausânias, que o relaciona a Onomácrito (portanto, ao século VI a.C.), e notando que a expressa conexão do elemento dionisíaco com a alma só se encontra nos neoplatônicos. Mas, ao contrário, foi observado que a natureza seguramente arcaica do mito, assim como alguns acenos de Platão (que não se podem explicar a não ser supondo que aludam a este mito) garantem a sua autenticidade[44].

O mistério do homem e o seu sentimento de ser um misto de divino e beluíno, com os opostos impulsos e as contrastantes tendências, eram assim explicados de modo verdadeiramente radical. Platão tirará inspiração desta intuição e, transpondo-a e fundando-a no plano metafísico, construirá a visão do homem "em duas dimensões", da qual falaremos amplamente[45], que condicionou largamente o pensamento ocidental.

---

42. Guthrie, *Orphée...*, p. 100.

43. Cf. Rohde, *Psiche...*, pp. 447ss. e as passagens aí referidas.

44. Este ponto é demonstrado muito bem por Dodds, *I Greci e l'irrazionale*, pp. 205s.

45. Cf. vol. III: toda a 3ª Seção da 1ª Parte.

6. As iniciações e as purificações órficas

Para concluir, devemos ainda acenar às práticas que os órficos uniam a estas crenças, e às quais atribuíam essencial importância.

Nessas práticas podemos distinguir dois momentos: o que implicava a participação em ritos e cerimônias e o que comportava a adesão a um certo tipo de vida, cuja regra fundamental era abster-se de comer carne[46].

Nas cerimônias de iniciação, provavelmente, representava-se e imitava-se o assassinato e o dilaceramento de Dionísio pelos Titãs, realizavam-se ritos e pronunciavam-se fórmulas de caráter mágico[47].

A purificação da culpa, em suma, era em larga medida confiada ao elemento não racional ou, como dissemos, mágico[48].

Já Pitágoras e os pitagóricos, embora conservando ainda muitos elementos deste gênero, começaram a atribuir à música e, posteriormente, à ciência o meio de purificação, como vimos acima[49]. Mas a grande revolução foi operada, mais uma vez, por Platão, o qual, numa passagem exemplar do *Fédon*, teorizou, de maneira esplêndida, que a verdadeira força purificadora está na filosofia, e apresentou esta sua asserção como a verdade da antiga intuição órfica.

Eis a célebre passagem:

> E certamente não foram tolos aqueles que instituíram os Mistérios: e na verdade já dos tempos antigos nos revelaram de maneira velada que aquele que chega ao Hades sem ter-se iniciado e sem ter-se purificado jazerá em meio à lama; ao invés, aquele que se iniciou e se purificou, chegando lá, habitará com os deuses. De fato, os intérpretes dos mistérios dizem que 'os portadores de tirso são muitos, mas são poucos os Bacantes'. E estes, penso eu, não são senão aqueles que praticam retamente a filosofia[50].

---

46. Cf. Guthrie, *Orphée...*, pp. 216ss.
47. Sobre algumas fórmulas do ritual órfico cf. Guthrie, *Orphée...*, pp. 231ss.
48. Cf. Dodds, *I Greci e l'irrazionale*, p. 202.
49. Cf. *supra*, pp. 87-89s.
50. Platão, *Fédon*, 69 c-d.

CIDADES NATAIS E SEDES DAS ESCOLAS FILOSÓFICAS TRATADAS NESTE VOLUME

Com o sinal ● indicamos as cidades natais dos filósofos e com o sinal ⊙ indicamos as cidades que foram também sede de escolas filosóficas.

N.B. Estêvão de Bizâncio nos refere que a cidade de Apolônia, onde nasceu o naturalista Diógenes, localiza-se — entre as muitas — em Creta, mas não há certeza disso.

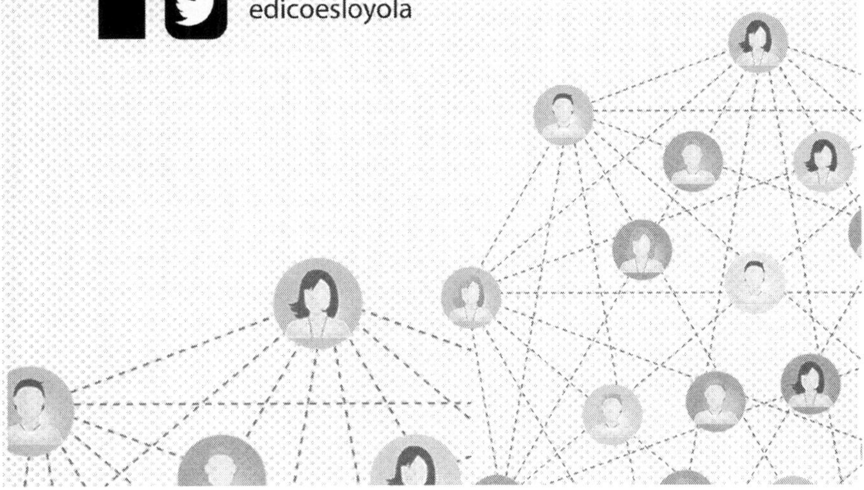

Edições Loyola

editoração impressão acabamento

rua 1822 n° 341
04216-000 são paulo sp
T 55 11 3385 8500/8501 • 2063 4275
www.loyola.com.br